喜ばれるおせち料理とごちそうレシピ

朝日新聞出版

おせち料理を
ていねいに作ってみたい。

お正月料理は毎年、主婦の頭を悩ませるテーマ。老舗デパートやレストランなどのおせち料理を買って済ませたり、少し豪華な料理だけ食べて、おせち料理を用意しないというご家庭も少なくないのでは。おせちを手作りしない理由には、とにかく手間と時間がかかりそうでめんどう、作る時間がない、料理を作るのが下手、おせち料理の味が苦手などが多いでしょう。また、4人家族、2人家族などの家族構成や、料理の好みなどが多様化しているので、定番のおせち料理を持て余してしまうことも。だからといっ

自分でカスタマイズできる簡単・豪華なおせち料理を楽しもう

て、まったくおせち料理が食卓を飾らないお正月というのも物足りないものです。こんな時代だからこそ、自分の家族構成や味の嗜好、料理のレベルなどに合わせて、オリジナルのおせち料理を作ってみませんか? おせち料理を作るのがはじめての人、料理が苦手な人は、まずは定番おせちを3品だけ作って、残りは豪華食材を詰め合わせるだけでもいいですし、定番おせちに飽きたら、洋風、中華風、アジア料理を組み合わせてもOKです。

好きな料理を自由にカスタマイズできる、おせち料理をはじめてみませんか?

ある元日の一日。

一年のはじまりは
テーブルにおせち料理を並べて

一年のはじまりに重箱に詰めたおせち料理が並ぶテーブルは、とっても華やか。この一年が素晴らしい年になりますようにと願いを込めて、朝と昼兼用でおせち料理をいただきます。銘々に好きなおせちを取り分けて、縁起のいい一年をスタートさせましょう。

お正月の
テーブルセッティング。

取り皿にナフキンを畳んでのせ、グラスを奥に箸は手前に並べます。おせち料理を食べる前にお屠蘇で新年のお祝いを。

お雑煮を味わう

おせちをひと通りいただいたら、お雑煮です。その土地によってお雑煮は違いますが、時にはレシピを変えて作ってみるのも楽しいもの。P64〜65のお雑煮レシピから、好みのお雑煮を選んでみましょう。椀は蓋つきのものを選ぶのがベター。

お正月の
テーブルに素敵な
生け花を。

お正月ならではのお花のアレンジメントは、テーブルに置きましょう。グリーンをメインに南天の赤をポイントに。

夜のごちそうは
豪華な
食材を使った
鍋料理を

お正月の夜のごちそうは、豪華食材を使った鍋料理がおすすめ。海鮮しゃぶしゃぶやすき焼きなど、おせちと一緒にいただきましょう。作りおきのサラダやマリネ、簡単なおつまみを添えれば、豪華な食卓に。鍋料理の〆は雑炊やうどんで最後まで味わって。

おせち料理とごちそうレシピ

目次

column 今年のお雑煮レシピ
64　今年のお雑煮／白みそのお雑煮
65　鮭といくらの親子雑煮／ぶりのお雑煮
66　だしのとり方＆魚介類の扱い方

2　自分でカスタマイズできる
　　簡単・豪華なおせち料理を楽しもう
4　ある元日の一日
8　喜ばれるおせちづくりへの3つのステップ
10　おせちを詰めるときの3つのルール
12　まずはおせちの基本の詰め方から
14　おせちの詰め方バリエーション
16　品数別　基本のおせちを素敵に盛りつける
20　シーン別　お正月に食べたいおせちベスト10

Part 2 レベル別！初級・中級・上級の アレンジおせち料理

72　盛りつけるだけプレート
76　0級編　詰めるだけおせち

初級編
簡単だけど豪華なおせちを楽しもう

79　海老マヨネーズバジル焼き
80　かきのオイル漬け
81　ほたてのだし煮
82　昆布〆／からすみ大根巻き
83　う巻き／クルクル昆布巻き
84　ちくわチーズの塩昆布巻き／
　　カニかまぼこの相生結び
85　たこのマリネ／ドライあんずのくるみみそ
86　スモークサーモンのミルフィーユ／
　　赤ワインの寒天よせ

中級編
少しの手間をかけてていねいに作るおせち

88　煮豚
89　ローストビーフ
90　海老と野菜のゼリーのせ
91　ツナのテリーヌ
92　蟹のテリーヌ
93　いかの松笠焼き／鯛のうに焼き
94　野菜の生ハム巻き／たこの桜煮
95　鶏手羽の香り煮／竜眼巻き
96　サーモンとほたての白みそマリネ／
　　花れんこんの明太子詰め

Part 1 はじめてでもおいしく作れる 基本のおせち料理

一の重

32　黒豆
34　田作り
35　数の子
36　栗きんとん
38　伊達巻き
40　昆布巻き
42　たたきごぼう
43　錦卵
44　かまぼこ
45　おせちが華やぐ飾り切り
47　野菜の飾り切り

二の重

48　牛肉八幡巻き
51　海老のうま煮
52　松風焼き
54　ぶりの照り焼き
55　さわらの西京焼き
56　鮭の幽庵焼き
57　紅白なます
58　酢れんこん／菊花かぶ

三の重

60　煮しめ
62　炒り鶏

お酒の種類別 簡単おつまみ

日本酒にあうおつまみ
- 130 塩辛クリームチーズ／かまぼこのうに焼き
- 131 みそクリームチーズ／ひじきのピクルス／
  しらたきの明太子炒め／
  たけのこのバターホイル焼き

焼酎にあうおつまみ
- 132 青菜の梅あえ／のりと春菊のジョン
- 133 餃子の皮でミニピザ風／
  さんまの蒲焼チーズ焼き／
  ピータンのねぎ塩たれ／
  高野豆腐のチーズカレー焼き

ワインにあうおつまみ
- 134 レーズンバターと生ハムとりんご／
  オリーブのフライ
- 135 オイルサーディンパン粉焼き／
  アンチョビチーズ焼き／根菜のアヒージョ／
  アツアツひよこ豆のチーズがけ

ビール・カクテルにあうおつまみ
- 136 揚げソーセージ／揚げ焼きグリンピース
- 137 アンチョビポテト／生麩バター焼き／
  ミニトマトのトースター焼き／ごぼうの唐揚げ

column 意外な組み合わせ！簡単カクテルレシピ
- 138 梅酒ワイン／
  白ワイン＋トマトジュース＋はちみつ／
  ビール＋ビール／ビール＋フルーツジュース
- 139 コーヒー焼酎／柚子茶＋焼酎／
  日本酒レモンティー／マッコリジンジャー

column ささっとできる 〆のごはん＆麺
- 140 焼きおにぎり／じゃこ豆腐丼／春菊混ぜごはん
- 141 焼きみそ茶漬け／おろしあんかけうどん／
  ねぎわさび焼きそば

column カロリーなんて気にしない！簡単おやつ
- 142 スパイスパンケーキ／
  フルーツたっぷりクレープ／キャラメルナッツ
- 143 抹茶アイス／甘酒いちごゼリー／
  水きりヨーグルト

上級編 とっておきの豪華おせちに挑戦する
- 98 鴨のロースト
- 99 鯛の塩釜焼き
- 100 あわびの酒蒸し
- 101 蟹みそ甲羅焼き
- 102 〆サバ
- 103 パテ・ド・カンパーニュ
- 104 ラムの赤ワイン煮込み
- 105 スペアリブの中華ロースト

column おなかにやさしい料理
- 106 卵粥／卵蒸しパン
- 107 豆乳うどん／かぶら蒸し

Part 3 ごちそう料理
年末年始の集まりにみんなで楽しむ

お正月の夜はやっぱり鍋！
- 110 赤ワインすき焼き
- 111 海鮮しゃぶしゃぶ
- 112 まぐろのわさびみぞれ鍋
- 113 かきと鶏肉のレモン鍋
- 114 白菜と豚肉の柚子こしょう鍋
- 115 ぶりと長ねぎの蒸し鍋

持ちよりおせち
- 116 手まりおにぎり
- 117 カップサラダ
- 118 ライスコロッケ
- 119 オーブン卵焼き
- 120 豚肉のリエット
- 121 蟹生春巻き
- 122 ケーク・サレ
- 123 タプナード／ロール海老パン

作りおきサラダ＆マリネ
- 125 ブルーチーズポテサラ
- 126 にんじんサラダ
- 127 マカロニサラダ
- 128 和風ピクルス／大根と干し海老の中華風マリネ
- 129 カクテキ風漬物／焼きねぎのマリネ

喜ばれるおせちづくりへの
3つのステップ

おせち料理って、何だか難しくて作る気にならない、食べたいものがない…という人も多いはず。
自分と家族にあったおせち料理を選んで作るのが、これからの新しいスタイルです。

Step 1 まずは家族構成を考える

昔のように三世帯が一緒に暮らす大家族は年々少なくなり、核家族化が進むなど、家族構成は多様化しています。新婚夫婦、小さい子供のいる家族、育ち盛りの子供のいる家族、熟年夫婦やひとり暮らしなど、家族の形はさまざまです。家族構成によって、おせち料理の味や内容、品数は変わるものです。自由におせちを組み合わせて、自分の家族にピッタリのオリジナルおせち料理を作りましょう。

4人家族 以上　祖父母、父母、子供がいる家族。世代にあったおせちを詰め合わせて。

2人家族　新婚夫婦、子供が独立したての熟年夫婦など「2人おせち」は、選りすぐりの内容で。

8

Step 2 家族の嗜好に合わせる

味の好みは人それぞれ。家族構成によって嗜好も変わります。高齢者がいる家庭では、定番のおせち料理が好まれるでしょうし、子供がいる家庭には洋風料理やハム、ソーセージなどが好まれるでしょう。育ち盛りの中高生がいるなら、がっつり肉料理も食べたいかもしれません。定番のおせちもいいけれど、嗜好にあわせたおせち料理を組み合わせて楽しみましょう。

定番のおせち・の味が好き

高齢者に好まれる和風味。定番のおせちはやっぱりほっとする味。

の味が好き

若夫婦や子供たちに人気の洋風、中華風味。バラエティ豊富な内容に。

Step 3 料理のレベルで選ぶ

普段、料理をほとんどやらない人、毎日の食事作りはこなせる人、料理が好きで料理教室に通うほどの人…。作り手の料理のレベルはさまざまです。おせち料理を作るのがおっくうになるのは、自分にとって難易度が高いのも大きな原因。自分の料理のレベルにあわせたおせち料理を作って重箱に詰めてみましょう。忙しくて作る時間がない人は、3品だけ作って、他は詰めるだけのおせち料理でもOK。とびきり豪華な食材を使った上級おせちも取り入れるのもおすすめ。

はじめてさんの

料理が苦手、または超初心者のはじめてさんは、簡単おせちを。

料理に慣れてきたら

料理をすることに慣れている人は、ひと手間加えたおせち料理を。

料理が趣味で高級志向の

料理が得意で高級志向の人は、高級食材を使った豪華なおせちを。

おせちを詰めるときの 3つのルール

自分好みのおせち料理を作ったら、重箱におせちを詰める際のルールをおぼえて美しく盛りつけましょう。
また、大皿に盛りつける際のルールもおぼえて。

ルール ① 品数を決める

おせちを詰めるときに一番ポイントになるのが「品数」。まずは、おせち料理を何品作るかを決めましょう。おせち料理は奇数のめ方をアレンジしながら盛りつけた品数を設定して。

品数を盛るのが基本ですが、その品数を盛るときの品数によって重箱の大きさやお皿の大きさを変えたり、詰め方をアレンジしながら盛りつけてみましょう。1段に詰めるおせちの数は9品が定番ですが、6品、4品、2品など、自分にあわせた品数を設定して。

1. （黒豆）
2. （くわい）
3. （ごまめ）
4. （栗きんとん）
5. （昆布巻き）
6. （牛蒡巻き）
7. （焼き魚）
8. （なます）
9. （煮しめ）

定番のおせちは、1段の重箱に盛りつけるのは9品が多いけれど、作った品数によって盛りつけ方を変えればOK。定番のおせちだけでなく、アレンジおせちや詰めるだけおせちでバリエーション豊かに盛りつけて。

ルール 2　重箱に盛るか大皿に盛るか

おせちの品数を決めたら、どんな器に盛りつけるかを考えます。おせち料理の内容や品数によって重箱に詰める、もしくは、大皿に盛りつけるのかを決めましょう。重箱は無地のシンプルなものを選べば、お皿感覚で盛りつけられます。小さな重箱なら1人分ずつ盛りつけることも可能です。お皿も同様に品数によって大皿やオーバル皿など工夫すると、モダンで素敵なお正月のテーブルになります。

重箱
無地でシンプルな重箱がおすすめ。お皿の代わりにも。

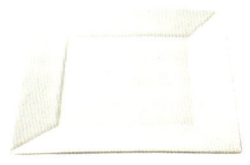

大皿
洋風の大皿が一枚あれば、定番のおせちも素敵な印象に。

中皿
スクエアやオーバルの中皿には、1人分のおせちを。

ルール 3　縁起のよい食材を詰める

一年の幸せを願うお正月には、お正月ならではの縁起のよい食材を食べたいもの。縁起のいい食材を使ったおせち料理も伝統のおせち料理は、ほとんどが縁起のよい食材を使ったものです。味が濃くて苦手だからといって、自分の好きな料理を詰めるだけでなく、お正月ならではの縁起のよい食材を使ったおせち料理も取り入れましょう。定番の味が苦手なら、味に変化をつけたアレンジおせちを取り入れるのもおすすめです。

黒豆
健康でまめに働けるように、無病息災を願って。

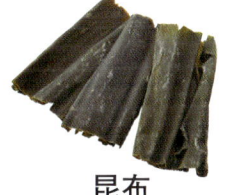

昆布
「喜ぶ（よろこぶ）」ことが多い一年を願って。

ごまめ
「五万米」とも書き、五穀豊穣を願います。

数の子
子宝に恵まれるよう子孫繁栄を願います。

れんこん
味蕾の見通しがきくという縁起のいい食材。

海老
腰が曲がるまで長生きを、という願いを込めて。

まずはおせちの基本の詰め方から

数種類のおせち料理を用意したら、重箱に詰めてみましょう。三段の重箱それぞれに、どのようなおせち料理を詰めたらいいのかを理解し、プロセスに沿っておせち料理の詰め方をマスターして。

一の重

めでたいことを重ねるという願いを込めて、祝い肴を詰めましょう。ポイントは9つの正方形で区切って詰めることです。

詰める手順

詰めるおせち…黒豆／伊達巻き／かまぼこ／錦卵／栗きんとん／数の子／田作り／たたきごぼう／昆布巻き

1 黒豆を白い小鉢に盛り、あれば金箔をのせて、重箱の中心に置きます。

2 伊達巻き、かまぼこ、錦卵など、形の崩れないものを3カ所、場所を決めて詰めます。

3 伊達巻き、錦卵との位置が三角形になるように、右上の角にはらんを敷いて栗きんとんを詰めます。色を意識して詰めるのもコツ。

4 残りの田作り、数の子、昆布巻き、たたきごぼうを詰めます。

12

まずはおせちの基本の詰め方から

詰めるおせち…煮しめ

詰める手順 三の重

1. 右下に里いも、右上にこんにゃくを詰めます。滑りにくい食材から詰めるのがよい。

2. 続いて、左下にれんこんを詰め、左上にごぼうを詰めます。里いもなどを支えに滑りやすくても分量の多めのもの、大きめに切ってあるものを詰めるのがコツ。

3. 左側のあいているすき間に、たけのこを詰め、中央上のすき間にしいたけを詰めます。

4. にんじんをまんべんなく散らし、絹さやを彩りを見ながら、全体に散らします。

三の重には煮しめを詰めましょう。ポイントは端から場所を決めていくことです。

詰める手順 二の重

1. 柚子釜に入れたなますを中央に置き、右横に松風焼きを詰めます。その上下にはらんを差し込み、右上に鮭の幽庵焼き、右下に牛肉八幡巻きを詰めます。

2. 似たような色のものは離して詰めます。さわらの西京焼きは左上に、ぶりの照り焼きは左下に。

3. 酢れんこんは上の中央、菊花かぶは下の中央に詰めます。

4. 海老のうま煮は滑りやすいので、最後に頭を左に揃えて詰めます。

肉や魚の焼き物、なますなどの酢の物を詰めましょう。はらんを仕切りにして使うのがポイントです。

詰めるおせち…さわらの西京焼き／酢れんこん／鮭の幽庵焼き／海老のうま煮／紅白なます／松風焼き／ぶりの照り焼き／菊花かぶ／牛肉八幡巻き

おせちの詰め方バリエーション

定番のおせちの詰め方をマスターしたら、今年はひと味違う詰め方に挑戦してみましょう。段詰め、枡形詰め、扇子形詰めの3種類をそれぞれの重に合わせてご紹介します。

一の重バリエ

市松状に詰めた一の重の詰め方バリエーション。一番上にひとつのおせちを直線状に詰めてアレンジを。

詰めるおせち…かまぼこ／伊達巻き／田作り／数の子／黒豆／栗きんとん／昆布巻き

段詰め

縦と横のラインを重箱の辺に平行に詰めましょう。
市松ではなく、上を直線状に詰めることで、見栄えも変わります。
はらんで仕切りを作って全体の印象を引き締めて。

 詰める手順

1. 一番上に紅白かまぼこを一列に詰めます。紅白が交互になるように詰めると華やかに。

2. 紅白かまぼこの下にはらんを差し込み、枡目になるようにはらんで仕切りを作ります。

3. 黄色が3点で三角形を描くように、真ん中の左に伊達巻き、下に栗きんとん、右に数の子を詰めます。

4. 残りの場所に黒豆、田作り、昆布巻きを詰めます。

Point
色の似たようなおせちは隣り同士にならないように、離して詰めると見栄えがキレイになります。

おせちの詰め方バリエーション

詰めるおせち…煮しめ

枡形詰め

二の重バリエ

重箱の中を斜めに仕切って詰める枡の形をイメージした詰め方。枡はお祝いの席で使われるので、華やかなおせち料理にピッタリです。

二の重は海老のうま煮や牛肉八幡巻き、なますなどを豪華に詰めましょう。

詰める手順

1. 右下に柚子釜に入ったなます、左上に菊花かぶを詰めます。
2. 右上に松風焼きを詰め、左下に牛肉の八幡巻きを詰めます。
3. なますと菊花かぶをはさむように、はらんを斜めに差し込み、松風焼きと牛肉八幡巻きを枡目に仕切るようにはらんを差し込みます。
4. あいてるすき間に、鮭の幽庵焼き、酢れんこん、たたきごぼう、ぶりの照り焼きを詰め、真ん中に海老のうま煮を向きを揃えて詰めます。

Memo おせちの飾りにひばなどを添えるだけで、おせち料理が華やぎます。ひばは松葉と同様によく使われる植物です。

扇子形詰め

三の重バリエ

扇のような曲線を描くように詰めましょう。素材の丸みを活かしながら、彩りを考えながら詰めるとキレイに仕上がります。

三の重の煮物は、ごちゃごちゃ盛りつけず、お正月ならではのおめでたい詰め方を楽しみましょう。

詰める手順

1. 重箱の角にごぼうを詰めたら、手で押さえながらしいたけを扇型になるように並べます。
2. 次に、里いも、れんこん、たけのこ、こんにゃくを詰めていきさす。
3. にんじんをしいたけと里いもの間に差し込み、最後に絹さやを真ん中に並べます。

Point 彩りのいいにんじんと絹さやは、最後に彩りのバランスを見ながら詰めるのが美しく見えるコツ。

詰めるおせち…菊花かぶ／たたきごぼう／松風焼き／
鮭の幽庵焼き／海老のうま煮／ぶりの照り焼き／牛肉八幡巻き／
酢れんこん／紅白なます

15

品数別

基本のおせちを素敵に盛りつける

おせち料理をすべて作ろうと思うと、とても大変。自分の家族に合った品数を作って、1段の重箱やお皿に盛りつけるのも素敵です。品数別の美しい盛りつけのテクニックをご紹介します。

小鉢をアクセントに
大皿に豪華に盛りつける

ベーシックなおせちをひと通り作って食べたいという人は、9品の代表的なおせちを作りましょう。重箱もいいけれど洋風の大皿に盛りつけてみるのもエレガントな印象に。ポイントは汁けのあるおせちは形や色のかわいい小鉢に盛りつけ、三角になるように置くことで、全体のアクセントに。あとはバランスを見ながら6種類のおせちを盛り合わせます。南天や菊の葉などを添えると華やかになります。

9品

詰める手順

1 真ん中に菊花かぶを菊の葉とともにのせます。

2 小鉢に黒豆、紅白なます、たたきごぼうを盛りつけ、三角形になるように置きます。

3 あいているところに、数の子、ぶりの照り焼き、田作り、伊達巻き、牛肉八幡巻きを盛りつけ、南天を飾ります。

盛りつけ内容

❶ 菊花かぶ→P58
❷ 黒豆→P32
❸ 紅白なます→P57
❹ たたきごぼう→P42
❺ 数の子→P35
❻ ぶりの照り焼き→P54
❼ 田作り→P34
❽ 伊達巻き→P38
❾ 牛肉八幡巻き→P49

直径33cmの大皿
白地に青の文様が素敵なロイヤルコペンハーゲンの大皿。洋皿に盛るとエレガントな印象に。

品数別 基本のおせちを素敵に盛りつける

おせちを重箱に末広状に詰める

お好みのおせちを6品作って重箱に盛りつけましょう。栗きんとんや酢の物、焼き物、煮物を末広に詰めてみましょう。ポイントは彩りのキレイな栗きんとんを中心に置き、酢れんこんやなますは上に、茶色い焼き物、煮物は下に。海老のうま煮を最後に盛りつけて鮮やかな印象をつくりましょう。

詰める手順

1. 小鉢に栗きんとんを盛りつけ、重箱の中心に置きます。
2. はらんで扇状になるように4つの仕切りを作り、炒り鶏を下、さわらの西京焼きを右に詰めます。
3. 酢れんこんとなますは上の1つの場所に一緒に詰めて、最後に海老のうま煮を左に詰め、南天やひばを飾ります。

盛りつけ内容

① 栗きんとん→P36
② 炒り鶏→P62
③ さわらの西京焼き→P55
④ 酢れんこん→P58
⑤ 紅白なます→P57
⑥ 海老のうま煮→P51

21cm四方の黒の重箱

シックな黒の重箱には、明るめの赤、白、黄色のおせちと緑の飾りで鮮やかな印象に。

オーバルの器に1人分を盛りつける

いつもは大皿や重箱に盛りつけてあるおせちを、1人分ずつお皿に盛りつけてお出しするのも素敵なスタイル。白いオーバルのお皿に、1人分のお好みおせちを盛りつけて。一の重のおせちを中心に盛りつければ、前菜としてのプレートになり、おもてなしの席でも喜ばれるのでおすすめです。

詰める手順

1. 小鉢に黒豆と数の子を盛りつけ、オーバル皿の左中央と右下に置きます。
2. 伊達巻きと錦卵を右上と左下に盛りつけます。
3. あいているところに牛肉八幡巻き、たたきごぼうを盛りつけ、ひば、松の葉を添えます。

盛りつけ内容

① 黒豆→P32
② 数の子→P35
③ 伊達巻き→P38
④ 錦卵→P43
⑤ 牛肉八幡巻き→P49
⑥ たたきごぼう→P42

29×24cmのオーバル皿

6品を2列に盛りつけると上品な印象に。1人分のおせちもゆったり盛りつけられます。

夫婦2人のおせちは重箱に上品に盛りつける

新婚さんや熟年夫婦のように、2人で過ごすお正月には、お好みのおせちを4品作るだけでも十分。重箱に盛るときは、詰め込むのではなく、すき間をあけてゆったりと盛りつける気持ちで。はらんを斜めに敷くことですっきり素敵な盛りつけになります。似ている色のおせちは隣合わせにならないように盛るのがコツです。

詰める手順

1. 重箱にはらんを斜めに敷きます。
2. 小鉢になますを盛りつけ、右上に置き、対角に数の子を盛りつけます。
3. はらんの上に昆布巻き、松風焼きを対角に盛りつけます。

盛りつけ内容

1. 紅白なます→P57
2. 数の子→P35
3. 昆布巻き→P40
4. 松風焼き→P52

4品

20cm四方の重箱（朱）
内側だけでなく、外側も朱色の重箱は、それだけでテーブルが華やぎます。

スクエアのプレートに1人分のおせちを盛りつける

4品

お客様や夕飯の前菜としてお出しするときは、スクエアのプレートに4品のおせちを1人分ずつ盛りつけましょう。汁けのある黒豆はボート型の変型小鉢に盛りつけて全体のアクセントに。白いプレートなので緑が足りないと思ったら、はらんを小さく切って焼き物の下に敷くと華やぎます。

詰める手順

1. 黒豆を小鉢に盛りつけ、スクエアのプレートの左上に置きます。
2. 対角の位置にはらんを敷き、さわらの西京焼きを盛りつけます。
3. あいているところに紅白かまぼこ、酢れんこんを盛りつけます。

盛りつけ内容

1. 黒豆→P32
2. さわらの西京焼き→P55
3. かまぼこ→P44
4. 酢れんこん→P58

23cm四方のスクエアプレート
リム（ふち）が大きめのプレートは、少ないおせちでも上品な印象に。

14×7cmのボート型小鉢
シャープなラインがスタイリッシュな小鉢で洗練された印象に。

18

品数別 基本のおせちを素敵に盛りつける

2品

2人分のおせちを大きめの深皿に盛りつける

基本のおせちをごくごくシンプルに盛りつけるのも贅沢です。紅白を意識して、赤い海老のうま煮と白い菊花かぶを大きめの深皿に盛りつけるだけで、エレガントな印象に。器の色は、赤と白を引き立たせるシックな色合いを選ぶのがベター。菊の葉や南天を添えて、さらに鮮やかさを強調します。

詰める手順

1. 右側に菊の葉を敷き、菊花かぶを盛りつけます。赤唐辛子の輪切りものせて。
2. 左側には海老のうま煮を縦に4尾盛りつけます。
3. 仕上げに南天を添えます。

盛りつけ内容

1. 菊花かぶ→P58
2. 海老のうま煮→P51

直径25cm×高さ5cmの深皿
グレーのシックな色合いが素敵な大鉢。赤や白をグンと引き立てます。

食べたいおせちを選りすぐりで盛りつける

2品

自分が一番好きなおせちを選りすぐり、2品を素敵に盛りつけましょう。黒の中皿にはらんを敷いて、黄色の栗きんとん、鮭の幽庵焼きを盛りつけます。栗きんとんは小皿に盛りつけ高さを出すのも上品に盛りつけるポイント。赤のはじかみが全体を引き締めます。

詰める手順

1. 黒皿の上にはらんを斜めに敷きます。
2. 小皿に栗きんとんを盛りつけ、左上に置きます。
3. 右下に鮭の幽庵焼きを盛りつけ、はじかみを添えます。

盛りつけ内容

1. 栗きんとん→P36
2. 鮭の幽庵焼き→P56

直径20cmの黒皿
黒い皿は黄色や赤、緑を引き立たせ、シックな印象を与えます。

シーン別 お正月に食べたい おせちベスト10

今年は型にはまらず、自分で作るオリジナルおせちに挑戦！
家族構成や嗜好、料理のレベルにあわせて、さまざまなおせちをカスタマイズして楽しみましょう。

おせちリスト

① 黒豆→P32
② 数の子→P35
③ 伊達巻き→P38
④ 生ハム・ハム→P76
⑤ スモークサーモン→P76
⑥ チーズアソート→P76
⑦ 蟹の缶詰＋マヨネーズ→P77
⑧ キャビア→P77
⑨ ピクルス→P77
⑩ カニかまぼこの相生結び→P84

はじめておせちを作るなら！
3品だけ手作りおせち

組み合わせ＆盛りつけPOINT		
1	定番の黒豆、数の子、伊達巻きの3つのおせちだけを手作りに。	
2	黒豆は小鉢に盛りつけて真ん中に置き、斜めに数の子、伊達巻きを詰める。	
3	スモークサーモンやキャビアなど豪華食材を空きスペースに詰める。	

シーン	はじめておせちを作るとき
対象者	20～30代男女
難易度	★
贅沢度	★★★
ボリューム	★★★

★の数について…P20-29までのシーン別おせちを、難易度、贅沢度、ボリュームに分けて5段階評価をつけています。参考にしてください。

いつものおせちを目先を変えて
今年はアレンジおせち

組み合わせ & 盛りつけ POINT		シーン	定番のおせちに飽きてきたとき
	1 定番おせちの材料や調味料の組み合わせを変えて洋風にアレンジ。	対象者	20〜30代男女、子供
	2 小鉢に汁けのある黒豆とさつまいもの赤ワイン煮、いくら塩漬けを盛りつけて。	難易度	
		贅沢度	
	3 白い大皿に彩りを考えながら、同じ色が隣りにこないようにカジュアルに盛りつける。	ボリューム	★★

おせちリスト

❶ 黒豆とさつまいもの赤ワイン煮→P33
❷ ごまめとナッツの洋風田作り→P34
❸ さつまいもとりんごのきんとん→P37
❹ チーズ伊達巻き→P39
❺ チキンロール→P50
❻ ぶりのバルサミコソース照り焼き→P54
❼ かぶのマリネ→P58
❽ スモークサーモン→P76
❾ いくら塩漬け→P76

おせちリスト

① さつまいもとりんごのきんとん→P37
② チーズ伊達巻き→P39
③ 牛乳と黄桃の寒天→P43
④ かまぼこ→P45
⑤ チキンロール→P50
⑥ 洋風松風焼き→P53
⑦ 生ハム→P76
⑧ 海老マヨチーズバジル焼き→P79
⑨ カニかまぼこの相生結び→P84

グラタン皿でワンプレート！
お子様おせち

組み合わせ & 盛りつけ POINT	
1	定番のおせちを感じさせつつ、子供が好きそうな味つけのものをチョイス。
2	見た目をかわいく、飾り切りやピックを使って演出して。
3	グラタン皿におせちを盛り合わせて、お子様プレートに。

シーン	子供たちに喜ばれるおせちを作りたいとき
対象者	子供
難易度	★★
贅沢度	★★
ボリューム	★★

シーン別　お正月に食べたいおせちベスト10

組み合わせ ＆ 盛りつけ POINT		
1	ボリュームたっぷりの肉のおせちがメインになるときは、お重に詰めるおせちは軽めのものに。	
2	黒豆、栗きんとん、たこのマリネを盛った小鉢を、重箱に斜めにおき、まわりにアレンジおせちを詰める。	
3	ローストビーフ、ラムの赤ワイン煮込み、煮豚はオーバルの皿にたっぷり盛り合わせる。	

シーン	いつもの定番おせちじゃ物足りないとき、ガッツリ食べたいとき
対象者	中高生の男の子、20～30代の男女
難易度	★★
贅沢度	★★★
ボリューム	★★★★★

盛りだくさんの肉プレート
がっつり男子おせち

おせちリスト

① 黒豆→P32
② 栗きんとん→P36
③ クルクル昆布巻き→P83
④ う巻き→P83
⑤ たこのマリネ→P85
⑥ 煮豚→P88
⑦ ローストビーフ→P89
⑧ 野菜の生ハム巻き→P94
⑨ ラムの赤ワイン煮込み→P104

はじめてだから簡単！＆粋なおせち
2人おせち 新婚夫婦

組み合わせ&盛りつけPOINT

1. 定番のおせちを感じつつ、ちょっと若い感覚を取り入れたおせち料理を組み合わせる。
2. 重箱の代わりに明るめの木箱に詰めれば、爽やかな印象に。
3. 好きなお酒にあうおせちを選ぶのがポイント。

シーン	結婚してはじめてのお正月
対象者	新婚夫婦
難易度	★
贅沢度	★★
ボリューム	★★★

おせちリスト

1. 海老マヨチーズバジル焼き→P79
2. スモークサーモンのミルフィーユ→P86
3. 数の子→P35
4. かまぼこ→P44
5. 黒豆とさつまいもの赤ワイン煮→P33
6. ツナのテリーヌ→P91
7. 生ハム・ハム→P76
8. ピクルス→P77
9. 洋風松風焼き→P53

シーン別　お正月に食べたいおせちベスト10

おせちリスト

① 栗きんとん→P36
② かまぼこ→P44
③ たたきごぼう→P42
④ さわらの西京焼き→P55
⑤ ほたてのだし煮→P81
⑥ 炒り鶏→P62
⑦ 黒豆→P32
⑧ 昆布〆→P82
⑨ 田作り→P34

食べたいものだけを厳選！

2人おせち 熟年夫婦

組み合わせ & 盛りつけ POINT	
1	2人が食べたいものを食べる分だけ作って使い慣れた黒の重箱に詰める。
2	炒り鶏を重箱の半分に詰めてはらんで仕切りをし、残りは好きなおせちを詰め合わせる。
3	鯛の昆布〆、黒豆や田作りは保存容器に入れて、食べる分だけ豆皿に盛りつけるというスタイルで。

シーン	子供たちが巣立って、2人で過ごすお正月
対象者	熟年夫婦
難易度	★★
贅沢度	★★
ボリューム	★★★

25

おせちリスト

1. アジアン風なます春巻き
→P57
2. 鮭のエスカベージュ→P56
3. スペアリブの
中華ロースト→P105
4. キャビア→P77
5. からすみの大根巻き→P82
6. いくら塩漬け→P76
7. 黒豆とさつまいもの
赤ワイン煮→P33
8. 蟹みそ甲羅焼き→P101
9. 赤ワインの寒天よせ→P86
10. 海老と野菜の
ゼリーのせ→P90

お客様が来たときにお出ししたい

華やかおせち

組み合わせ & 盛りつけ POINT	1	大きめの毛蟹やスペアリブを盛り合わせるなら、酸味の効いたなますの生春巻きや海老と野菜のゼリーのせなどを組み合わせる。
	2	小鉢に黒豆とさつまいもの赤ワイン煮、いくら塩漬け、キャビアを盛って、色絵の大皿にのせ、残りのおせちを盛り合わせる。
	3	えびと野菜のゼリーのせなどは小さめの器に盛って前菜風に。

シーン	お客様が来たときのおもてなし
対象者	20～40代の男女
難易度	★★
贅沢度	★★★★★
ボリューム	★★★★★

26

家族みんなが満足できる
和洋折衷おせち

シーン	3世代で暮らしている家族みんなでおせちを食べる
対象者	子供、若夫婦、年配の方
難易度	★★
贅沢度	★★★
ボリューム	★★★★

組み合わせ & 盛りつけ POINT

1. 重箱の9マスを3世代で分けて、祖父母用、若夫婦用、子供用に分けておせち料理を考える。
2. 家族それぞれの好きなおせちが1品は入れられるように考えて組み合わせるのがポイント。
3. 汁けのあるおせちを小鉢や柚子釜に盛りつけ、真ん中、四隅に置き、余白に残りのおせちを詰める。

おせちリスト

1. たこの桜煮→P94
2. 蟹のテリーヌ→P92
3. 紅白なます→P57
4. 花れんこんの明太子詰め→P97
5. 黒豆→P32
6. 野菜の生ハム巻き→P94
7. サーモンとほたての白みそマリネ→P96
8. ローストビーフ→P89
9. 栗きんとん→P36

おせちリスト

1. 煮豚→P88
2. 鶏手羽の香り煮→P95
3. 蟹の缶詰＋マヨネーズ→P77
4. かぶのマリネ→P58
5. アジアン風なます春巻き→P57
6. 海老のうま煮→P51
7. 竜眼巻き→P95
8. かまぼこ→P44
9. 甘納豆→P77

子供から大人まで喜ぶ
中華＆アジアおせち

組み合わせ＆盛りつけPOINT		
1	味が濃いめのものが多いので、あっさりとしたなますやかまぼこ、ちょっと甘い甘納豆などを組み合わせる。
2	煮豚や鶏手羽の香り煮などの肉のおかずをメインに、中華＆アジアおせちを組み合わせて。
3	鮮やかな青磁の大皿に、海老のうま煮を真ん中に盛りつけ、まわりに残りのおせちを盛り合わせて見た目も鮮やかに。

シーン	定番のおせち料理が飽きたとき
対象者	子供から大人まで
難易度	★★
贅沢度	★★★
ボリューム	★★★★★

手間ひまおせち

今年はゴージャスな内容で！

組み合わせ & 盛りつけ POINT

1. 栗きんとんや、紅白なます、黒豆などの定番おせちと豪華食材を使った上級おせちを組み合わせる。
2. 朱色の重箱の一段を使って、豆皿や小鉢、あわびの殻を使いこなして豪華絢爛に盛りつける。
3. ひばや南天を添えるなど、緑を添えることでお正月感がアップし、全体を鮮やかな印象に。

シーン	特別にお祝いしたいお正月に
対象者	子供から大人まで
難易度	★★★★
贅沢度	★★★★★
ボリューム	★★★★

おせちリスト

1. 栗きんとん→P36
2. いかの松笠焼き→P93
3. あわびの酒蒸し→P100
4. たこの桜煮→P94
5. 黒豆→P32
6. 〆さば→P102
7. パテ・ド・カンパーニュ→P103
8. 鴨のロースト→P98
9. 紅白なます→P57

Part.1

はじめてでも
おいしく作れる

基本の
おせち料理

今年こそはおせち料理を作ってみたい。
いつもはデパートや料亭、レストランのおせちだった人も、
じっくり、ゆっくり、ていねいに基本のおせちを作ってみましょう。

基本のおせち

一の重

一の重はめでたいことを重ねるという願いを込めておせち料理を詰めましょう。黒豆、数の子、ごまめなどの祝い肴を重箱に。定番のおせちのアレンジレシピもご紹介します。

黒豆

黒豆は「黒くまめまめしく」という語呂合わせから、家族全員が外で真っ黒になるまでまめに働き、元気に暮らせるようにとの願いが込められています。

一年間、元気に暮らせるようにと願いを込めて。

🌸 作り方　　1日目

1 黒豆を洗う

ボウルに黒豆を入れ、流水で手でこするように洗う。

虫食いの豆があれば取り除く。

2 黒豆を水に浸す

分量の水に1の黒豆を浸し、一晩おく。

鍋に入れておくと、そのまま火にかけやすいのでおすすめ。

⏱ **5時間**（黒豆を戻す時間は除く）

🌸 材料（作りやすい分量）

黒豆	2カップ
水	1200㎖
A　砂糖	200g
塩	小さじ½
しょうゆ	小さじ1
重曹	小さじ½

鉄玉（もしくは鉄釘3本をガーゼで包む）

おすすめ調理日	12／29〜30
保存期間	冷蔵庫で約1週間 冷凍庫で約1カ月
賞味期間	1／6頃まで

32

PART 1 　一の重……黒豆

STOCK
電子レンジで毎日火入れすれば長持ち。冷凍もOK！

保存するときは、煮汁をひたひたに入れると黒豆がしわしわになりません。耐熱ガラスの保存容器に入れておけば、1日1回電子レンジで火入れしておくと長持ちします。

5 弱火で煮る

さらに蓋を少しずらしてのせ、弱火で4時間ほど煮る。

黒豆は煮汁から出て空気に触れるとシワができやすいので注意して。

煮汁が少なくならないように時々チェックし、少ないようなら水を足す。

6 火を止め味をなじませる

指でつぶせるくらいのやわらかさに煮えたらできあがり。

豆が空気に触れないように落とし蓋をしたまま粗熱をとって味をなじませる。

2日目

3 A、鉄玉を入れて火にかける

このぐらいが戻った状態。

黒豆を水で戻したら、鍋に水ごと入れ、A、鉄玉を入れて中火にかける。

4 煮立ってきたらアクを取る

ひと煮立ちしたらアクをていねいに取り除く。

アクがキレイに取れたら、落とし蓋をする。

Arranged Recipe
黒豆とさつまいもの赤ワイン煮

材料（作りやすい分量）
黒豆100g、さつまいも200g
A ┌ 赤ワイン200㎖、砂糖50g
　├ しょうゆ小さじ1
　└ シナモンスティック2本

作り方
1. 黒豆は洗い、たっぷりの水に一晩浸しておく。
2. さつまいもは1.5cm厚さの輪切り、太いものであれば半月切りにする。
3. 鍋に①を水ごと入れてゆでる。途中アクを取り除きながら5時間ほどゆでてやわらかくなったら、ゆで汁をひたひたくらいに減らす。
4. ②、Aを加えて落とし蓋をし、弱火で15分ほど煮る。さつまいもに火が通ったら火を止め、そのまま冷ます。

田作り

豊年豊穣、五穀豊穣を願って。

かたくちいわしの稚魚は、昔、田んぼの肥料として使われていたことから、豊作を祈願するおせち料理として伝わっています。

作り方

1 ワタを取る

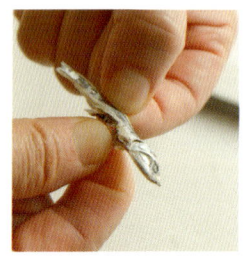

ごまめは頭を取らないように腹ワタを取り除く。

2 フライパンで炒る

フライパンを弱火で熱し、ごまめを入れ、焦がさないように10分ほど炒る。

ポキンと折れるくらいになったらOK。

3 調味料を煮詰めてごまめを絡める

Aを合わせて別のフライパンに入れて煮立て、半分程度に煮詰まってきたら2を加えて絡める。

クッキングシートを敷いたバットに広げ、白ごまをふって冷ます。

 15分

材料（作りやすい分量）

ごまめ	50g
A 砂糖	大さじ3
しょうゆ	大さじ2
みりん	大さじ2
酒	大さじ2
白炒りごま	大さじ1

おすすめ調理日	12／28
保存期間	冷蔵庫で約2週間 冷凍庫で約1カ月
賞味期間	1／11頃まで

STOCK

冷蔵庫2週間保存OK！

ごまめは保存性が高く、調理した後も保存がききます。冷蔵庫で2週間はもつので、早めに作っておくのもいいでしょう。

Arranged Recipe　ごまめとナッツの洋風田作り

材料（作りやすい分量）

ごまめ50g、くるみ40g
A┬砂糖大さじ4
　├白ワイン大さじ5
　├塩少々
　└薄口しょうゆ小さじ½

作り方

1 ごまめは腹ワタを取り、弱火で熱したフライパンで10分ほど炒る。ポキッと折れるくらいになったら、粗めに砕いたくるみを加えてさらに1分ほど炒り、取り出しておく。

2 フライパンをキレイにし、Aを煮立てる。半量くらいに煮詰まったら、1を加えて絡める。

3 オーブンシートを敷いたバットに広げて冷ます。

PART 1 一の重 ……… 田作り／数の子

数の子

子孫繁栄を祈って食べましょう。

数の子はにしんの卵。二親（にしん）から多くの子が出るというめでたい食材です。子だくさん、子孫繁栄の願いを込めて。

Arranged Recipe
松前漬け

材料（作りやすい分量）
数の子（塩漬け）8本
するめ（細切り）・乾燥刻み昆布各20g
にんじん（せん切り）½本分
A┌ 水50㎖、しょうゆ・酒・みりん各大さじ2
　└ 砂糖小さじ1、赤唐辛子1本

作り方

① 数の子は300㎖の水に塩小さじ1を溶かした塩水に浸し、2時間おきに塩水を替えながら半日おいて塩抜きする。薄皮を取り除き、食べやすい大きさにほぐす。

② するめと刻み昆布はAの酒にくぐらせてから10分ほどおき、やわらかく戻す。酒はAとして使う。

③ 鍋にAを入れて強火にかけ、ひと煮立ちさせて火を止め、粗熱をとる。

④ 保存容器に③を入れ、①、②、にんじんを加えて一晩漬ける。

作り方

1 塩水に数の子を浸して薄皮をむく

数の子は300㎖の水に塩小さじ1を溶かした塩水に浸す。2時間おきに塩水を替えながら半日ほどかけて塩抜きする。

半日後

数の子の薄皮をていねいに取り除き、水洗いする。薄皮が取りにくいときはペーパータオルを使うとやりやすい。

2 調味液をひと煮立ちする

鍋にAを合わせて中火にかけ、ひと煮立ちさせて粗熱をとる。

3 調味液に一晩浸す

2に1を浸け、一晩おく。お重に詰めやすいように切って盛りつけ、糸かつおをのせる。

 8時間

材料（作りやすい分量）

数の子（塩漬け）……… 10本
塩 ……… 適量
A┌ だし汁 ……… 200㎖
　│ 酒 ……… 大さじ4
　│ みりん ……… 大さじ1
　└ 薄口しょうゆ ……… 大さじ1
糸かつお ……… 適量

おすすめ調理日	12／30
保存期間	冷蔵庫で約1週間
賞味期間	1／6頃まで

STOCK

冷蔵庫で1週間保存OK！
漬け汁ごと保存容器に入れて冷蔵庫で保存して。漬け汁に漬け過ぎると味が濃くなるので、様子をみて引き上げて。

栗きんとん

栗きんとんには黄金色の輝く財宝に例えて、商売繁盛、金運をもたらすという意味が、栗は「勝ち栗」といって縁起がいい意味が込められています。

商売繁盛、金運アップに。

🕐 30分

材料（作りやすい分量）

さつまいも	2本（正味500g）
くちなしの実	1個
栗の甘露煮	15粒
A　砂糖	100g
甘露煮シロップ	1/2カップ
みりん	大さじ3
塩	少々

おすすめ調理日	12／30
保存期間	冷蔵庫で約1週間
賞味期間	1／6頃まで

作り方

1 さつまいもの皮をむく

さつまいもは3〜4cm幅の輪切りにする。

さつまいもの皮を厚めにむいて水にさらす。

36

PART 1 　一の重　栗きんとん

STOCK
冷蔵庫で1週間保存OK！
栗きんとんは保存容器に入れて冷蔵庫に保存を。蓋につきやすいので、ラップをしてから蓋を閉めることを忘れずに。

2 くちなしの実を砕く

くちなしの実は包丁の腹でつぶす。

くちなしの実はお茶用パックなどに入れる。

3 さつまいもをゆでる

1のさつまいもを鍋に入れ、2、かぶるくらいの水を加える。

強火にかけ、ひと煮立ちしたら中火にして10分ほどゆでる。竹串を刺してみてスッと通ればOK。

4 さつまいもを裏ごす

3のくちなしを取り除き、ザルにあげて水けをきってすぐに裏ごしする。温かいうちに裏ごしするのがコツ。

5 調味液を加え、よく混ぜる

鍋に4を入れて弱火にかけ、合わせたAを2〜3回に分けて加えながら、木べらなどでよく混ぜる。

このぐらいなめらかでツヤが出るまで、練り混ぜるのがコツ。

よく混ぜるほどツヤが出てくる。フードプロセッサーに入れて一気に撹拌するとラク。

6 栗の甘露煮を加える

なめらかになったら栗の甘露煮を加え、バットなどに移して粗熱をとる。

Arranged Recipe
さつまいもとりんごのきんとん

材料（作りやすい分量）
さつまいも1本（正味250g）、りんご1個
A ┬ 砂糖50g、シナモンスティック1本
　 └ 白ワイン50ml

作り方
1. さつまいもは輪切りにしてから皮をむく。水にさらしてアクを抜いてから、蒸気が上がった蒸し器で10分ほど蒸す。
2. りんごは皮、種を取り除き、ひと口大に切る。
3. 2、Aを鍋に入れ、かぶるくらいの水を加える。落とし蓋をして10分ほど、煮汁が半分程度になるまで煮る。
4. 1に3の煮汁を少しずつ加えながらなめらかになるまで練り合わせる（フードプロセッサーに入れて一気に撹拌するとラク）。
5. 4に3の煮りんごを加えて混ぜ合わせる。

伊達巻き

長崎から江戸に伝わった「カステラ蒲鉾」が伊達者たちの着物に似ていたため、伊達巻きと呼ばれました。また、巻物に似ているので文化の発展を願う縁起物とも言われています。

文化の発展を願う縁起物です。

作り方

1 すり身をする

すり鉢に魚のすり身を入れてなめらかにする。

砂糖を加えてさらにすり合わせる。

⏱ 3時間

材料（作りやすい分量）

白身魚のすり身	150g
砂糖	50g
卵	6個
A　酒	大さじ1
みりん	大さじ2
薄口しょうゆ	小さじ2
塩	少々

おすすめ調理日	12／31
保存期間	冷蔵庫で3〜4日
賞味期間	1／4頃まで

PART 1 一の重 ── 伊達巻き

STOCK
しっかりと冷まして保存を
必ず粗熱をとってしっかり冷ましてから、切って保存容器に入れる。日持ちはしにくいため、すぐに保存容器に入れて乾燥しないようにラップ、または蓋をして冷蔵庫で保存を。

Arranged Recipe
チーズ伊達巻き

材料（作りやすい分量）
山いも100g、パルメザンチーズ30g
たらなどの白身魚（切り身）100g
卵5個、塩小さじ¼

作り方
1. 山いもはすりおろす。パルメザンチーズはすりおろす。
2. 白身魚は皮、骨などを取り除いてひと口大に切る。
3. 1、2、卵、塩をフードプロセッサーに入れて撹拌し、なめらかにする。
4. バットにサラダ油少量（分量外）を薄く塗り、オーブンシートを敷いて3を流し入れる。
5. 200℃に予熱したオーブンで20〜25分ほど焼く。
6. バットから取り出し、浅く横に切り込みを入れ、巻きすだれにのせ巻く。輪ゴムで留めてバットの上にのせ、そのまま冷めるまで2時間ほどおく。
7. 巻きすだれから取り出し、食べやすく1.5cm幅程度に切る。

5 卵液を流し入れる
オーブンシートを敷き、3を流し入れる。

6 オーブンで焼く
200℃に予熱したオーブンで20〜25分ほど焼く。

7 巻きすだれで巻く
バットから取り出し、浅く4本ほど横に切り込みを入れる。

巻きすだれにのせて手前から巻く。

輪ゴムで留めてバットの上にのせ、そのまま冷めるまで2時間ほどおく。食べやすく1.5cm幅程度に切る。

2 卵を加えてすり合せる
卵は数回に分けてよく混ぜ合わせて。

卵を溶きほぐし、1に少しずつ加えながらさらにすり合わせる。

3 調味液を加えて混ぜ合わせる
2に合わせたAを少しずつ加えてすり合わせる。

4 バットに油を塗る
油はオーブンシートをパッとつけるため。

耐熱のバットにサラダ油少量（分量外）をペーパータオルで薄く塗る。

昆布巻き

お正月の鏡飾りにも用いられている昆布は「喜ぶ」の言葉にかけた、一家発展を願う縁起物です。おめでたい食材としてお祝いの儀には欠かせません。

「よろこぶ(昆布)」出来事がたくさんありますように。

作り方　1日目

1 昆布を戻す

ボウルに水適量と昆布を入れ、一晩浸しておく。

昆布は水で濡らしてかたく絞った布巾(またはペーパータオル)で表面をふく。

2 かんぴょうを戻す

流水でよく洗い流し、水に浸して一晩おいてやわらかく戻す。

かんぴょうはさっと洗ってから、塩をふってもみ洗いをする。

COOKING TIME 70分(昆布を戻す時間は除く)

材料 (作りやすい分量)

昆布(5×10cm)	8枚
かんぴょう(20cm)	16本
身欠きにしん(ソフトタイプ)	1本
酒	100mℓ
A みりん	大さじ2
砂糖	大さじ4
しょうゆ	大さじ2

おすすめ調理日	12／30
保存期間	冷蔵庫で約1週間
賞味期間	1／6頃まで

PART 1 一の重 ── 昆布巻き

STOCK

乾きやすいので煮汁に浸して冷蔵庫で保存を

保存容器に入れたら、乾燥させないように煮汁をひたひたに入れて、蓋をして冷蔵庫に保存を。にしんの昆布巻きは1週間ほど保存可能ですが、豚肉の昆布巻きは4〜5日が目安。

6 戻し汁と酒を加えて強火にかける

酒を加え、昆布の戻し汁（足りなければ水を足す）をひたひたに注ぎ、落とし蓋をし、強火にかける。

7 アクをていねいに取り除く

煮立たせて、アクが出てきたらていねいに取り除き、弱火にして30分ほど煮る。

8 Aを加えて煮る

Aを加えてさらに15分ほど弱火で煮る。

火を止めてそのまま冷めるまでおき、味をなじませる。

2日目

3 身欠きにしんを切る

身欠きにしんは昆布の幅に合わせて2cm幅の斜め切りにする。

4 昆布で巻く

このぐらいが戻った状態。

1の水けをよくふき取り、3をのせて手前から巻く。

2のかんぴょうで2カ所、縛って留める。

5 鍋（またはフライパン）に並べる

かんぴょうの結び目は味がしみにくいので、煮汁に浸した状態で煮るのがコツ。

鍋（またはフライパン）に4をかんぴょうの結び目を下にして並べる。

Arranged Recipe
豚肉の昆布巻き

材料（作りやすい分量）
豚肩ロースブロック肉200g
昆布（10cm角）7枚
かんぴょう（20cm）14本
A ┬ しょうゆ大さじ3
　├ みりん・紹興酒各大さじ2
　└ 砂糖大さじ1、八角1個

作り方

1 豚肉は1.5cm角×10cmの棒状に切る。
2 昆布は水に一晩浸して戻す。
3 かんぴょうは水に浸してから塩もみしてよく洗い、水けを絞る。
4 2に1をのせて巻き、3で結ぶ。
5 鍋に4を並べてかぶるくらいの水を注いで蓋をし、強火にかける。煮立ったら中火にして1時間ほど煮る。
6 ゆで汁が減っていたら水を足し、Aを加えて30分ほど煮汁が2/3程度になるまで煮る。

41

たたきごぼう

家の基礎がしっかりするようにと願って。

細く長く地中に根を張るごぼうは、家の基礎がしっかりするようにとの願いを込めて。また、ごぼうをたたいて、身を開くことで開運の縁起をかつぎます。

作り方

1 ごぼうをたたく
ごぼうは皮を包丁の背を使ってこそげ落とす。麺棒でたたいて食べやすく割り、4cm幅に切って水にさらす。

2 ごぼうをゆでる
鍋に湯を沸かし、塩小さじ½程度を入れ、1を入れて3分ほどゆでる。

3 熱いうちにAであえる
ザルにあげて水けをきってから、熱いうちに合わせたAであえる。

COOKING TIME　10時間

材料（作りやすい分量）

ごぼう	2本
A　白すりごま	大さじ2
薄口しょうゆ	大さじ1
みりん	小さじ2
酢	大さじ2

おすすめ調理日	12／30
保存期間	冷蔵庫で約1週間
賞味期間	1／6頃まで

STOCK　保存容器に入れて冷蔵保存
保存容器にたたきごぼうを詰めて蓋をして冷蔵庫で保存して。

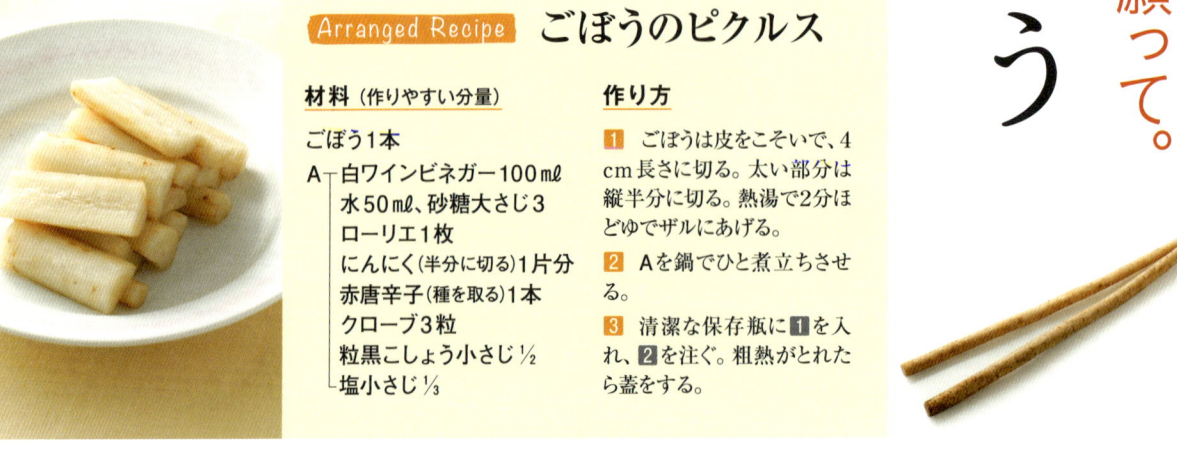

Arranged Recipe　ごぼうのピクルス

材料（作りやすい分量）
ごぼう1本
A　白ワインビネガー100ml
　　水50ml、砂糖大さじ3
　　ローリエ1枚
　　にんにく（半分に切る）1片分
　　赤唐辛子（種を取る）1本
　　クローブ3粒
　　粒黒こしょう小さじ½
　　塩小さじ⅓

作り方

1　ごぼうは皮をこそいで、4cm長さに切る。太い部分は縦半分に切る。熱湯で2分ほどゆでザルにあげる。

2　Aを鍋でひと煮立ちさせる。

3　清潔な保存瓶に1を入れ、2を注ぐ。粗熱がとれたら蓋をする。

PART 1

一の重 ……… たたきごぼう／錦卵

錦卵

財宝や富に恵まれますように。

卵の黄身と白身の美しい錦卵。この2色を金と銀に例えられることから、財宝や富に恵まれますようにとの願いを込めて。

Arranged Recipe
牛乳と黄桃の寒天

材料（作りやすい分量）
- A―水100㎖、砂糖30g、粉寒天2g
- 牛乳200㎖
- B―黄桃缶（シロップ漬け）3個
  - 缶詰シロップ100㎖
- C―水100㎖、寒天2g

作り方
1. Aの材料を鍋に入れ、中火で沸かす。煮立ったら2分ほど混ぜながら寒天を溶かしたら、牛乳を加えて混ぜ、流し缶に入れる。粗熱がとれたら冷蔵庫に入れ固める。
2. Bはミキサーにかける。
3. Cの材料を鍋に入れ、中火で沸かす。煮立って2分ほど混ぜながら寒天を溶かしたら2を加える。
4. 少し冷ましてから1の流し缶に流し入れる。冷蔵庫で半日ほど冷やし固める。
5. 型からはずし、お重などに詰めやすく切る。

作り方

1 ゆで卵を作って、白身と黄身に分ける

鍋に卵を入れてかぶるくらいの水を注ぐ。強火にかけ、沸騰したら中火にし10分ほどゆでる。殻をむいて白身と黄身に分ける。

2 白身と黄身を裏ごす

※フードプロセッサーを使えば、もっと簡単。

白身は裏ごししてAを加えて混ぜ合わせる。黄身は裏ごししてBを加えて混ぜ合わせる。

3 流し缶に詰めて蒸す

流し缶をさっと水にくぐらせ、2の白身を入れて押さえながら平らにならし、その上に黄身をのせて軽く押さえながら平らにならす。

蒸気が上がった蒸し器に入れ5分ほど蒸す。蒸し器から取り出し、冷めてから流し缶からはずして、食べやすく切る。

COOKING TIME 40分

材料（作りやすい分量）
- 卵 ……… 8個
- A
  - 砂糖 ……… 大さじ2
  - 塩 ……… ひとつまみ
  - 片栗粉 ……… 小さじ1
- B
  - 砂糖 ……… 大さじ4
  - 塩 ……… ひとつまみ
  - 片栗粉 ……… 小さじ1

おすすめ調理日	12／29〜30
保存期間	冷蔵庫で約1週間
賞味期間	1／6頃まで

STOCK
食べやすく切ったら、保存容器に入れて冷蔵保存

流し缶から取り出して食べやすく切ったら、保存容器に入れて蓋をして冷蔵保存を。

かまぼこ

かまぼこは平安時代から高貴な貴族の間のみで食べられたという贅沢品。紅白という赤と白のコントラストがおめでたい席にぴったりです。

「日の出」を象徴するかまぼこでお祝いを。

切り方

1 かまぼこを板からはずす

かまぼこは板に沿って包丁の背を入れて、かまぼこを板からはずす。

2 1cm幅に切る

食べやすいように1cm幅に切る。

⏱ 5分

材料（作りやすい分量）

紅かまぼこ …………… 1本
白かまぼこ …………… 1本

おすすめ調理日	1／1
保存期間	切り分けたら冷蔵庫で3〜4日 切らなければ約1週間
賞味期間	1／4頃まで

STOCK

残ったかまぼこはラップで包んで冷蔵庫で保存を

かまぼこは傷みやすいので、元日の朝に切るのがおすすめ。残りのかまぼこはラップでぴっちりと包んで冷蔵庫で保存を。

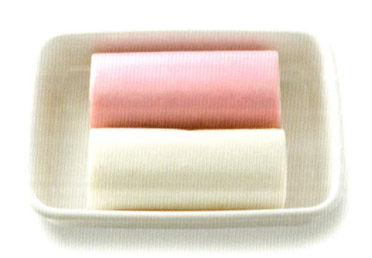

おせちが華やぐ飾り切り

おせちは華やかに盛りつけたいもの。そこで欠かせないのがかまぼこの飾り切り。
プロセスを見ながらぜひ挑戦を。必ずおせちが華やぎます。

PART 1

一の重 ……… かまぼこ ＊かまぼこの飾り切り

あやめ

あやめの形がおせちを華やかに。

切り方

1 かまぼこは下を1cmほど残しながら、2mm幅の切り込みを4回入れながら1.5cm幅に切る。箸を置くとうまく切れる。

2 真ん中の1枚に2/3まで切り込みを入れる。

3 両端の2枚を反対から2/3まで切り込みを入れる。

4 1枚目、3枚目、5枚目をそれぞれ折り曲げて、あやめ形にします。

松

松はお正月の縁起物の象徴。

切り方

1 かまぼこは7mm〜1cm幅に切る。縦、横に3mm幅で8〜10本ほど切り込みをそれぞれ入れる。

2 端を一つ一つていねいに折り込む。

うさぎ

紅白の部分を手綱にする飾り切り。

切り方

1 かまぼこを1cm幅に切る。山を2/3程度薄くむくように切る。

2 切った山の部分の真ん中に2cmくらいの切り込みを入れる。

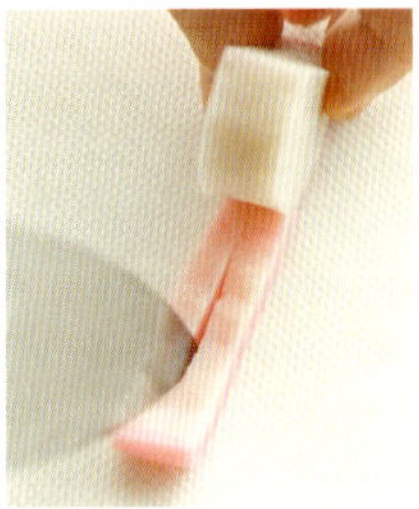

3 切り込みに端をくぐらせてねじり、かまぼこに添わせて形をととのえる。

日の出

初日の出をイメージしてお祝いを。

切り方

かまぼこは8mm幅のところに包丁を入れ、刃先はあまり動かさず、刃元を左右にジグザグに動かして切る。

結び

簡単でかわいらしい飾り切り。

切り方

1 かまぼこは1cmの幅に切る。上下、中央に切り込みを入れる。

2 中央の切り込みに上と下から左右の端をくぐらせる。

46

PART 1

一の重

* かまぼこ飾り切り
* 野菜の飾り切り

まだまだある！

野菜の飾り切り

飾り切りはかまぼこだけではありません。
おせちに散らしたり、煮しめなどに使う飾り切りを紹介します。

ねじり梅

煮しめやお雑煮に欠かせない切り方

切り方

1. にんじんは1cm厚さに切り、花型で型抜きをする。
2. 花びらを1枚1枚区切るように切り込みを入れる。 
3. 花びらの右から左へ、斜めに包丁を入れて余分な部分を切り取る。 
4. 面取りをしてキレイな花びらの形に仕上げる。 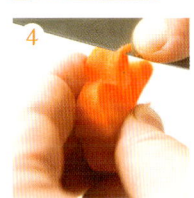

亀甲しいたけ

お祝い事に欠かせない亀をイメージ

切り方

戻したしいたけは軸を取り除き、上下を少し切り落とす。六角形になるように、対角上にそれぞれ端を切り落とす。

矢葉絹さや

煮しめや焼き物の彩りとして散らして

切り方

包丁の先を使い、ヘタのほうのやわらかい部分をV字に切り取る。

花れんこん

酢ばすや煮しめに活用したい飾り切り

切り方

1. れんこんは1cm厚さに切り、れんこんの穴と穴の間をV字に切り取る。
2. 皮をむきながら花形になるように形をととのえる。 

47

基本のおせち

二の重

二の重は、口取りと呼ばれる前菜とさっぱりとした酢の物、魚、肉などの焼き物をメインに詰めます。味や彩りのバランスを考えて詰め合わせるのがコツです。

PART 1 　二の重 —— 牛肉八幡巻き

牛肉八幡巻き

ごぼうの産地で有名な京都・八幡から名づけられた「八幡巻き」。ごぼうは細く長く地中にしっかり根を張ることからごぼうは昔から縁起のよい食材です。甘辛い牛肉の旨味がおいしい一品。

細く長く長生きできますように祈りを込めて。

COOKING TIME **60分**

材料（作りやすい分量）

ごぼう	2本
A ┌ だし汁	200㎖
├ しょうゆ	大さじ2
├ 酒	大さじ2
└ みりん	大さじ2
牛薄切り肉	8枚（約300g）
塩	少々
小麦粉	適量
サラダ油	少々
B ┌ しょうゆ	大さじ2
├ みりん	大さじ2
├ 酒	大さじ2
└ 砂糖	小さじ2

おすすめ調理日	12／31
保存期間	冷蔵庫で約3〜4日
賞味期間	1／3頃まで

作り方

1 ごぼうを切る

ごぼうは包丁の背で皮をこそげ落とす。

10cm幅に切る。

太い部分は縦4等分に切る。細い部分は縦半分に切るか、太さによってはそのままで使う。

STOCK

**食べやすい大きさに切ってから
そのまま煮汁につけて
冷蔵庫で保存を**

食べやすい大きさに切ったら、そのまま耐熱ガラスの保存容器に入れて煮汁につけて冷蔵保存。切らずにそのまま入れて保存してもOK。

2 ごぼうをAで煮る

鍋に1、Aを入れて落とし蓋をし、中火にかける。煮立ったら弱火にし蓋はせず20分ほど煮て火を止め、粗熱をとる。

3 牛肉でごぼうを巻く

牛肉を広げて塩をふり、茶こしなどを使って小麦粉を薄くふる。

牛肉の手前に2のごぼうを3〜4本ずつのせて、手前から奥に向けて巻く。

4 フライパンで焼く

フライパンにサラダ油を薄くひいて熱し、3の巻き終わりを下にして焼く。少しずつ転がしながら全体を焼いたら、余分な脂をペーパータオルで吸い取る。

5 調味液を加える

焼き色がついたら、調味液を加えて。

合わせたBを加えて煮絡めて仕上げる。

6 切り分ける

粗熱がとれたら、食べやすく切る。

Arranged Recipe

チキンロール

材料（作りやすい分量）

鶏もも肉2枚、さやいんげん6本
にんじん½本
A ┬ だし汁300㎖
　 └ しょうゆ・みりん各大さじ2

作り方

1. 鶏肉は皮目にフォークなどで数カ所刺す。
2. さやいんげんはヘタを切り落とし、にんじんはさやいんげんの長さと太さに揃えて棒状に切る。
3. 1に2をのせてクルクルと巻き、タコ糸などで縛る。
4. 鍋に3、Aを入れて落とし蓋をして中火にかけ、ときどき転がしながら30分ほど、煮汁が少なくなるまで煮る。

50

PART 1

二の重 — 海老のうま煮

海老のうま煮

腰が曲がるまで元気で長生きできるように。

海老の鮮やかな赤でお正月のテーブルも華やぎます。背が曲がっているところから、長寿を祈願する縁起物に。

作り方

1 海老の背ワタを取る
海老は殻つきのまま背を丸めるように持ち、頭から2～3節目あたりに竹串を入れて背ワタをそっと引き抜く。

2 海老を爪楊枝で留める
「つ」の字になるように海老の背を曲げて爪楊枝で刺して留め、酒、塩をふる。

3 海老をゆでてから調味液で煮る
熱湯で海老を1分ほどゆでてザルにあげる。

鍋にAを煮立て、ゆで海老を加えて2分ほど煮たら火を止める。そのまま粗熱をとり、爪楊枝を取り除く。

COOKING TIME 15分

材料（作りやすい分量）
車海老(有頭)	8尾
酒	大さじ1
塩	小さじ1/3
A だし汁	300mℓ
酒	大さじ2
みりん	大さじ2
薄口しょうゆ	大さじ2
砂糖	大さじ1

おすすめ調理日	12／31
保存期間	冷蔵庫で約3～4日
賞味期間	1／3頃まで

STOCK
汁ごと保存容器に入れて冷蔵庫に保存を

海老のうま煮は、汁ごと保存容器に入れて冷蔵庫に保存を。海老はあまり保存がきかないので、早めに食べ切ることをおすすめします。

Arranged Recipe
海老の紹興酒漬け

材料（作りやすい分量）
車海老(有頭)8尾
A ┌ 紹興酒 100mℓ
　├ 薄口しょうゆ 大さじ1
　└ 砂糖 小さじ2

作り方
1 車海老は背ワタを取り除き、「つ」の字になるように爪楊枝で刺して留める。
2 1を熱湯で1～2分ほどゆで、ザルにあげて水けをきる。
3 鍋にAを合わせてひと煮立ちさせ火を止める。
4 3に2を入れて1時間ほど漬ける。

松風焼き

能の「松風」というお話に由来すると言われる松風焼き。上にふった青のりなどの焼けた様子が、縁起物の松の皮に見えるという説もあります。

一年を正直に生きましょうと願いを込めて。

作り方

1 香味野菜をみじん切りにする

長ねぎ、しょうがはそれぞれみじん切りにする。

2 肉だねを作る

ボウルに鶏ひき肉、1、卵、Aを加えてよく練り合わせる。

このぐらいになるまで練ります。

⏱ 30分

材料（作りやすい分量）

長ねぎ	1/2本
しょうが	1片
鶏ひき肉	400g
卵	1個
A みそ	大さじ2
みりん	大さじ1
薄口しょうゆ	大さじ1/2
砂糖	大さじ1/2
サラダ油	少々
青のり	大さじ1

おすすめ調理日	12／31
保存期間	冷蔵庫で約3〜4日
賞味期間	1／3頃まで

PART 1 二の重 ── 松風焼き

STOCK
ラップで包むか、保存容器に入れて冷蔵庫で保存を

粗熱をしっかりとり、食べやすく切り分けたら、ラップでぴっちり包むか、保存容器に入れて冷蔵庫で保存。日持ちはあまりしないので、早めに食べ切って。

5 オーブンで焼く

200℃に予熱したオーブンで15分ほど焼く。

6 切り分ける

粗熱がとれたら食べやすく切る。

3 バットに広げる

バットにサラダ油をペーパータオルで薄くのばす。

表面を平らにするようにゴムベラでならして。

耐熱のバットに 2 の肉だねを入れ、表面が平らになるようにゴムベラなどを使って広げてならす。

4 青のりをふる

青のりをふり、軽く押さえる。

Arranged Recipe
洋風松風焼き

材料（作りやすい分量）
ベーコン4枚、玉ねぎ½個
A ┬ 合びき肉400g、卵1個
　├ ピザ用チーズ30g
　├ パン粉大さじ4
　├ トマトケチャップ大さじ2
　├ ウスターソース大さじ1、
　└ 塩小さじ⅓、こしょう少々
けしの実大さじ1

作り方
1 ベーコンは5mm角に切る。玉ねぎはみじん切りにする。ボウルに入れ、Aを加えて練り合わせる。
2 サラダ油（分量外）を薄く塗った耐熱のバットに 1 を広げ、けしの実をふる。
3 200℃に予熱したオーブンで15分ほど焼く。粗熱がとれたらバットからはずし、食べやすく切る。

53

ぶりの照り焼き

立身出世を願っていただきます。

ぶりは大きさによって名前が変わる出世魚。出世を願う縁起物としておせち料理に欠かせない一品です。

作り方

1 ぶりに塩をふる
ぶりはお重に詰めやすいように半分～⅓程度に切る。塩をふって30分ほどおく。

2 酒で洗う
ボウルに酒適量（分量外）を入れ、ぶりを入れて塩を流す。

ペーパータオルでぶりの水けをしっかりとふき取る。

3 焼く
茶こしなどで小麦粉をふって全体に薄くまぶす。

フライパンにサラダ油を熱し、盛りつけの際に表になるほうから中火で焼く。

4 調味液を加えて仕上げる
片面2～3分ずつ焼き、火を通したら、余分な脂をペーパータオルで吸い取る。

合わせたAを加えて煮絡める。

STOCK　保存容器に入れて冷蔵庫で保存を
ぶりを焼いたら、しっかりと粗熱をとって保存容器に入れて冷蔵庫で保存を。3～4日で食べ切りましょう。

COOKING TIME 40分

材料（作りやすい分量）

ぶり(切り身)	4切れ
塩	小さじ⅓
小麦粉	小さじ2
サラダ油	小さじ2
A　しょうゆ	大さじ1½
酒	大さじ1½
みりん	大さじ1½
砂糖	小さじ2
しょうがの絞り汁	小さじ2

調理するなら	12／31
保存期間	冷蔵庫で約3～4日
賞味期間	1／3頃まで

Arranged Recipe　ぶりのバルサミコソース照り焼き

材料（作りやすい分量）
- ぶり(切り身)4切れ
- 塩・こしょう各少々
- 小麦粉小さじ1
- にんにく1片
- A　バルサミコ酢大さじ3
- 　　はちみつ・しょうゆ各大さじ1
- オリーブオイル大さじ1

作り方
1. ぶりは半分に切り、塩、こしょうをふる。茶こしなどで小麦粉をふって全体に薄くまぶす。
2. にんにくは半分に切る。
3. フライパンにオリーブオイル、2を入れて中火にかけ、香りが出てきたら1を入れて焼く。
4. 両面をしっかりと焼いて火を通したら、Aを加えて煮絡める。

新しい春のお祝いに。さわらの西京焼き

さわらは「鰆」と書くところから、新春にふさわしい魚としてお正月料理に使われます。西京焼きは冷めてもおいしい。

作り方

1 さわらに塩をふり、酒で洗う

さわらはお重に詰めやすいように半分に切り、塩をふって30分ほどおく。

酒適量（分量外）をふって塩を流し、水けをふき取る。

2 みそ床にさわらを漬ける

Aを混ぜ合わせ、半量をバットに塗り広げる。

ペーパータオル（まはたガーゼ）をのせ、1を並べる。

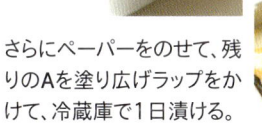

さらにペーパーをのせて、残りのAを塗り広げラップをかけて、冷蔵庫で1日漬ける。

3 焼く

さわらをみそ床から取り出し、魚焼きグリルで7分ほど焼く。

COOKING TIME 40分（漬ける時間を除く）

材料（作りやすい分量）

さわら（切り身）	4切れ
塩	小さじ⅓
A 白みそ	100g
酒	大さじ1
みりん	大さじ1
砂糖	小さじ1

調理するなら	12／31
保存期間	みそ床に漬けた状態のときは冷蔵庫で5日間／焼いたときには冷蔵庫で約3〜4日
賞味期間	1／3頃まで

STOCK
みそ床に漬けたまま冷蔵庫に保存して

みそ床に漬けたまま冷蔵保存する場合は5日間ぐらいが目安。焼いてから保存するなら、冷蔵庫に入れ、3〜4日で食べ切ること。

PART 1　二の重　ぶり照り焼き／さわらの西京焼き

Arranged Recipe
中華風みそ漬け焼き

材料（作りやすい分量）
- 白身魚（さわらなど）4切れ
- 塩ひとつまみ
- A ┬ みそ大さじ1
  │ オイスターソース・紹興酒・ごま油・
  └ しょうゆ・砂糖各小さじ1

作り方
1. 白身魚は半分に切り、塩をふって30分ほどおき、水分が出てきたらふき取る。
2. 1に合わせたAを塗り、1時間ほどおく。
3. みそを軽くふき取ってから、グリルで焼く。

鮭の幽庵焼き

柚子の香りであっさりと。

鮭は川を上る魚なので、縁起食材としてお正月料理に使われます。柚子の風味が上品なのでおせち料理にぴったり。

作り方

1 生鮭を切って塩をふる
生鮭はお重に詰めやすいように半分に切る。

塩をふって30分ほどおき、酒(分量外)をふって塩を流し、水けをふき取っておく。

2 合わせたAに漬ける
合わせたAをファスナー付き保存袋に入れ、1を加えて1時間ほど漬ける。

3 グリルで焼く
汁けをきってグリルに並べ、途中、漬け汁をハケで塗りながら7分ほど焼く。

STOCK 漬け汁につけたまま冷凍保存がおすすめ
漬け汁につけたら冷凍保存もOK。使うときは自然解凍してグリルで焼きましょう。焼いた鮭は保存容器に入れて冷蔵保存を。

COOKING TIME 100分

材料 (作りやすい分量)

生鮭(切り身)	4切れ
塩	小さじ1/3
A しょうゆ	大さじ4
みりん	大さじ4
酒	大さじ4
柚子の搾り汁	大さじ1

おすすめ調理日	12／31
保存期間	冷蔵庫で約3〜4日 冷凍庫で約1カ月 (漬け汁につけた状態)
賞味期間	1／3頃まで

Arranged Recipe　鮭のエスカベージュ

材料 (作りやすい分量)

生鮭(切り身)4切れ
塩・こしょう各少々
小麦粉小さじ2、玉ねぎ1/2個
オリーブオイル適量
A ┌ 白ワインビネガー大さじ3
　├ 白ワイン・オリーブオイル
　│　各大さじ1
　├ はちみつ小さじ1
　├ 塩小さじ1/3、こしょう少々
　├ ローリエ1枚
　└ 赤唐辛子(種を取る)1本
ケイパー大さじ1

作り方

1 鮭はひと口大に切り、塩、こしょうをふり、小麦粉をまぶす。
2 玉ねぎは繊維に直角に薄切りにし、水にさらしておく。
3 フライパンにオリーブオイルを1cmほど入れて熱し、1を揚げる。
4 Aを混ぜ合わせる。
5 3の油を軽くきって熱いうちに4に漬け、水けを絞った2、ケイパーを加えてピッタリくっつけるようにラップをし、半日ほど漬ける。

紅白なます

紅白でおめでたい酢の物。

生の魚介と大根、にんじんと酢で作られたことから名づけられた「なます」。平和、平安を願う縁起物です。

作り方

1 大根とにんじんのせん切りを塩もみする

大根、にんじんはせん切りにする。塩をふってかるくもみ、10分ほどおく。水分が出てしんなりしてきたらしっかりと絞る。

2 漬け汁であえる

1を合わせたAであえ、少しなじませる。器に盛り、柚子の皮のせん切りをのせる。

COOKING TIME **20分**

材料（作りやすい分量）

大根	300g
にんじん	50g
塩	小さじ 1/3
A 酢	大さじ3
砂糖	大さじ2
柚子の搾り汁	大さじ1
塩	小さじ 1/4
柚子の皮（せん切り）	少々

おすすめ調理日	12／31
保存期間	冷蔵庫で約3〜4日
賞味期間	1／3頃まで

STOCK
漬け汁に浸すようにして表面を乾燥させないように保存を

直前に作って3日ほどで食べきるのが基本。保存するときは、保存容器に漬け汁と一緒に入れて冷蔵庫で保存して。

Arranged Recipe
アジアン風なます春巻き

材料（作りやすい分量）
大根300g、にんじん50g、塩小さじ1/2
A ┬ レモンの搾り汁・砂糖・ナンプラー
　└ 各小さじ1
ボイル海老8尾、生春巻きの皮8枚
マヨネーズ大さじ1、香菜適量

作り方
1 大根、にんじんはせん切りにし、塩をふって軽くもんでおく。水分が出てきたら絞る。
2 1にAを加えてあえる。
3 ボイル海老は厚みを半分に切り、香菜はざく切りにする。
4 生春巻きの皮は水にくぐらせてから濡らした布巾に広げ、3の香菜、海老、2、マヨネーズの順にのせて巻く。

二の重 ……… 鮭の幽庵焼き／紅白なます

PART 1

酢れんこん

先見性のある一年を祈願して。

穴が空いているれんこんは、将来を見通せるようにという意味が。先見性のある一年を祈願しましょう。

作り方

1 れんこんは花形に皮をむく
れんこんは5mm厚さの輪切りにし、花形になるように切り込みを入れながら皮をむき（P47参照）、酢（大さじ1程度）を加えた水に10分ほどさらす。

2 れんこんを下ゆでする
鍋に湯を沸かし、塩（小さじ1程度）を加えて、水けをきった1を入れ3分ほどゆでる。

3 漬け汁につける
れんこんの水けをきり、熱いうちに合わせたAにつける。

材料（作りやすい分量）

- れんこん……200g
- A ┬ 昆布だし汁……180ml
-   ├ 酢……120ml
-   ├ 砂糖……50g
-   ├ 塩……小さじ½
-   └ 赤唐辛子（小口切り）……ひとつまみ

おすすめ調理日	12／31
保存期間	冷蔵庫で1週間
賞味期間	1／7頃まで

COOKING TIME 20分

STOCK
漬け汁につけたまま冷凍保存がおすすめ
色が変色しないように、保存容器に入れ漬け汁に浸して冷蔵保存を。

Arranged Recipe　れんこんとレモンのマリネ

材料（作りやすい分量）
- れんこん200g
- レモン（できれば国産のもの）½個
- A ┬ 白ワインビネガー大さじ3
-   ├ オリーブオイル大さじ2
-   ├ はちみつ大さじ1
-   └ 塩小さじ½

作り方
1. れんこんは薄い輪切り（または半月切り）にし、熱湯でさっとゆでて水けをきる。
2. レモンは薄切りにする。
3. 1、2をAであえて30分ほど漬ける。

菊花かぶ

おめでたい菊の花に見立てて。

菊の形はおめでたい象徴。かぶを菊の花に飾り切りにし、酢の物に仕立てた箸休めにぴったりの一品。

作り方

1 かぶを飾り切りにする
かぶは葉を切り落として皮をむき、菜箸を置いて、格子状に細かく切り込みを入れる。

2 塩水につける
合わせたAに30分ほどつけ、しんなりしてきたら水けを絞る。

3 甘酢につける
ファスナー付き保存袋に合わせたBを入れ、2を漬ける。半日ほど漬けたらできあがり。器に菊の葉を添え、汁けをきって盛りつける。

材料（作りやすい分量）

- かぶ……8個
- A ┬ 塩……大さじ1
-   └ 水……600ml
- B ┬ 酢……100ml
-   ├ 砂糖……大さじ1½
-   ├ 塩……小さじ¼
-   ├ 薄口しょうゆ……小さじ¼
-   └ 赤唐辛子（小口切り）……ひとつまみ

おすすめ調理日	12／31
保存期間	冷蔵庫で1週間
賞味期間	1／7頃まで

COOKING TIME 40分（甘酢につける時間は除く）

STOCK
甘酢に漬けて表面が乾かないようにするのがポイント
ビニール袋に漬け込んだまま冷蔵保存を。甘酢に漬けてあるので冷蔵庫で1週間ぐらいもちます。

Arranged Recipe　かぶのマリネ

材料（作りやすい分量）
- かぶ4個、塩小さじ½
- A ┬ 柚子の搾り汁・
-   │ オリーブオイル　各小さじ2
-   ├ 昆布茶小さじ1
-   ├ はちみつ小さじ½
-   └ 塩小さじ¼
- ピンクポアブル適量

作り方
1. かぶは繊維を断つように横に薄切りにする。塩をふって軽くもんでおき、水分が出てきたら絞る。合わせたAに10分ほど漬ける。
2. 1枚を半分〜¼に折りながらお皿に積み上げるようにして、お花のように盛りつけ、ピンクポアブルをつぶしながらふる。

基本のおせち

三の重

三の重はにんじんや里いも、ごぼう、れんこんなどの縁起のよい食材を煮物にして彩りよく詰めます。煮しめの他に炒り鶏でもOK。くわいやトコブシなどを煮て詰めてもよいでしょう。

煮しめ

大きく切った縁起のいい根菜などを
ゆっくり煮しめていく料理。
家族が仲良く
しっかり結ばれますようにとの
願いが込められています。

家族が仲良く しっかり 結ばれますように

作り方

1 里いもの下処理をする

里いもは上下を切り落とし、六角になるように皮をむく。塩(分量外)をふってもみ洗いしてぬめりを取り除く。

2 ごぼうを切ってアクを抜く

ごぼうは皮をこそげ落とし、4cm幅に切る。太い部分は縦半分に切る。酢水に10分ほどさらしてアクを抜く。

3 れんこんを花形に切る

れんこんは1cm厚さの輪切りにし、花形になるように切り込みを入れながら皮をむく。酢水に10分ほどさらしておく。

COOKING TIME 70分

材料(作りやすい分量)

里いも	8個
ごぼう	1本
れんこん	1節
にんじん	1本
たけのこ水煮	1個
こんにゃく	1枚
干ししいたけ	8枚
だし汁	800mℓ
A ┌ 砂糖	大さじ3
├ みりん	大さじ3
└ 薄口しょうゆ	大さじ5
絹さや	8枚

おすすめ調理日	12／31
保存期間	冷蔵庫で約3～4日
賞味期間	1／3頃まで

PART 1 三の重 — 煮しめ

10 材料を煮る

鍋（またはフライパン）にだし汁、4〜7、9を材料ごとに並べるようにして入れて強火にかける。煮立ったら落とし蓋をして5分ほど煮る。

11 調味料を加える

Aを加えて落とし蓋をし、さらに20分ほど煮る。

12 火を止め味を含ませる

火を止めてそのまま味を含ませ、絹さやを添えて盛りつける。

STOCK
たっぷり作ってガラスの耐熱保存容器で保存を

煮しめは12月31日に作るのがベター。傷みやすいので、耐熱ガラスの保存容器に煮汁ごと入れて、2日に一度は電子レンジにかけて火入れするのがベスト。

7 戻した干ししいたけを六角に切る

まずは上下を切り落として。

干ししいたけは洗って水でやわらかく戻し、石づきを切り落として六角に切る。

8 絹さやはゆでて切り込みを入れる

絹さやは筋を取り除き、塩ゆでしてからV字に切り込みを入れる（P47参照）。

9 里いも、ごぼう、れんこんを下ゆでする

それぞれを別の鍋で下ゆでして。

1〜3をそれぞれ熱湯で10分ほど下ゆでする。

4 にんじんを飾り切りにする

にんじんは1cm厚さの輪切りにし、花型で抜く。切り込みを入れて飾り切りにする。

5 たけのこを切る

たけのこは穂先のほうはくし形に切る。

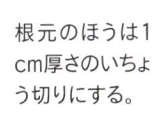

根元のほうは1cm厚さのいちょう切りにする。

6 こんにゃくを手綱にする

こんにゃくは1cm厚さに切り、熱湯で2分ほどゆでて臭みを抜く。

中央に切り込みを入れ、片端を切り込みに通して手綱にする。

炒り鶏

縁起のいい根菜類と鶏肉、こんにゃくを使った炒り鶏も、お正月料理に欠かせない一品。炒めて仕上げるのでコクがあります。

煮しめを作る時間がないときは、炒り鶏がおすすめ。

作り方

1 鶏肉を切る

鶏もも肉は3cm角のひと口大に切る。

2 根菜を切る

ごぼう、れんこん、里いも、にんじんは皮をむいてひと口大の乱切りにする。たけのこは穂先はくし形、根元のほうは1.5cm厚さのいちょう切りにする。

3 しいたけを切る

しいたけは石づきを切り落とし、4等分に切る。

⏱ 50分

材料（作りやすい分量）

鶏もも肉	1枚
ごぼう	1本
れんこん	1節
里いも	6個
にんじん	1本
たけのこ水煮	1個
しいたけ	6枚
こんにゃく	1/2枚
サラダ油	大さじ1
だし汁	600ml
A しょうゆ	大さじ3
みりん	大さじ3
酒	大さじ3
砂糖	大さじ1
絹さや	10枚

おすすめ調理日	12／31
保存期間	冷蔵庫で約3〜4日
賞味期間	1／3頃まで

PART 1

三の重 ── 炒り鶏

4 こんにゃくは ちぎって 下ゆでする

こんにゃくはコップ（またはスプーン）などでひと口大にちぎる。

コップのふちを使ってちぎるのがコツ。

熱湯で2分ほどゆでて臭みを抜く。

5 鶏肉を炒める

鍋（またはフライパン）にサラダ油を熱し、1を炒める。

6 その他の材料を炒める

鶏肉の表面に焼き色がついたら、2、4、3を順に加えながら炒め合わせる。

7 落とし蓋をして煮る

アクが出てきたら、ていねいに取り除いて。

だし汁を注ぎ、落とし蓋をして煮立ったらアクを取り除く。

Aを加えて中火で20～30分ほど、煮汁が少なくなるまで煮含める。

8 煮詰めたら鍋をゆする

煮汁が少なくなってきたら、鍋をゆすって照りを出す。

9 絹さやはゆでて斜め切りにする

絹さやは筋を取り除き、塩ゆでしてから斜め半分に切る。

10 仕上げる

器に8を盛りつけ、9を散らす。

Point お重、または大鉢に盛りつける際、絹さやは全体のバランスを見ながら散らすこと。

STOCK 耐熱ガラスの保存容器に入れて

煮しめと同様に、大晦日に作って三が日の間に食べ切るのがベスト。保存容器はできれば耐熱のガラス保存容器に入れて、2日ごしに火入れするのがベスト。

63

どれを食べる？ 今年のお雑煮レシピ

毎年定番のおせちもいいけれど、その年によってお雑煮を変えてみるのもおすすめです。
具材や調味料を変えて、いろいろなお雑煮を楽しみましょう。

白みそのお雑煮

COOKING TIME 40分

材料（4人分）

里いも	250g
にんじん	½本
水菜	100g
だし汁	1000mℓ
丸餅	4～8個
白みそ	大さじ5
かつお節	5g

作り方

1. 里いもは皮をむいて、大きければ食べやすく切る。にんじん5mm厚さに切り、花型で抜く。
2. 水菜は塩ゆでし、水けを絞ってざく切りにする。
3. 鍋にだし汁、1を合わせて蓋をして強火にかける。煮立ってきたら弱火で15分ほど煮る。
4. 餅を加えてさらに5分ほど煮、火が通ったら白みそを溶き入れる。
5. 器に4、2を盛り、かつお節をのせる。

＊すぐにいただかない場合は、餅は入れず、食べる直前に別の鍋でゆでてから加える。

今年のお雑煮

COOKING TIME 30分

材料（4人分）

鶏もも肉	1枚
塩鮭(切り身)	1切れ
大根	100g
にんじん	50g
小松菜	100g
だし汁	1000mℓ
A しょうゆ	大さじ½
みりん	大さじ1
塩	小さじ1
角餅	4個
かまぼこ	4切れ
柚子の皮	適量

作り方

1. 鶏もも肉はひと口大に切る。鮭は4等分に切る。
2. 大根、にんじんは短冊に切る。
3. 小松菜は塩ゆでし、4cm長さに切る。
4. 鍋にだし汁を入れて強火で温め、1、2を入れて弱火で煮る。途中でアクを取り除きながら10分ほど煮、Aで味つけする。
5. 角餅はグリルで焼く。
6. 器にかまぼこ、3、5を盛り、4を注ぐ。柚子の皮をのせる。

64

column

今年のお雑煮レシピ

ぶりのお雑煮

30分

材料（4人分）

ぶり（切り身）	2切れ
ごぼう	100g
まいたけ	1パック
ほうれん草	100g
だし汁	1000㎖
しょうゆ	大さじ1
みりん	大さじ1
塩	小さじ½
丸餅	4～8個
柚子の皮	適量

作り方

1. ぶりは3～4等分に切り、熱湯を回しかけて霜降りにする。

2. ごぼうは大きめのささがき、まいたけはほぐす。

3. ほうれん草は塩ゆでし、水けを絞ってざく切りにする。

4. 鍋にだし汁、1、2を合わせて蓋をして強火にかける。煮立ったら弱火で8分ほど煮、火が通ったらしょうゆ、みりん、塩で味をととのえる。

5. 餅はグリルなどで焼く。

6. 器に3、4、5を盛り、せん切りにした柚子の皮をのせる。

鮭といくらの親子雑煮

30分

材料（4人分）

塩鮭（切り身）	2切れ
大根	60g
にんじん	40g
ほうれん草	100g
だし汁	1000㎖
角餅	4～8個
しょうゆ	大さじ1
みりん	大さじ1
塩	小さじ½
いくら塩漬け（またはしょうゆ漬け）	大さじ2

作り方

1. 塩鮭は3～4等分に切る。

2. 大根、にんじんはいちょう切りにする。

3. ほうれん草は塩ゆでし、水けを絞ってざく切りにする。

4. 鍋にだし汁、1、2を合わせて蓋をして強火にかける。煮立ったら弱火で8分ほど煮る。

5. 餅を加えてさらに5分ほど煮、火が通ったらしょうゆ、みりん、塩で味をととのえる。

6. 器に5を盛り、3、いくらをのせる。

＊すぐにいただかない場合は、餅は入れず、食べる直前に別の鍋でゆでてから加える。

お正月だからきちんととりたい だしのとり方

おせち料理やおもてなし料理には、だしをきちんととりたいもの。
普段はだしの素という人も、お正月だからこそ、初心にかえっておいしいだしをとりましょう。

一番だし

昆布とかつお節のエキスを取り出した上品なだし汁。お雑煮や煮しめ、鍋料理などにたっぷりとっておきましょう。基本のおいしい一番だしのとり方を今一度マスター。

材料（作りやすい分量）

昆布20g／かつお節20g／水2リットル

作り方

1 昆布の汚れを取る

昆布の表面をかたく絞った濡れ布巾でさっとふく。

2 昆布を水に浸す

分量の水の中に昆布を入れて10分ぐらいおいて昆布を戻す。

3 火にかけ、昆布を取り出す

弱めの中火にかけて沸騰直前まで加熱して、昆布を取り出す。

4 かつお節を加える

沸騰したら差し水をし、かつお節を一気に加えひと煮立ちさせる。すぐに火を止め、3分後かつお節が沈んで落ち着くまでおく。

5 こす

ザルにペーパータオルを敷いて静かにこす。

PART 1 だしのとり方

煮干しだし

地方によっては、おせち料理に煮干しだしを使うこともあります。みそ汁にもよく合う煮干しだしのとり方もおさらいしておきましょう。

🌸 **材料**（作りやすい分量）

煮干し20g／水1リットル

🌸 **作り方**

1 煮干しの腹ワタを取る

煮干しは身を割って、頭と内臓を除く。

2 煮干しを一晩水に浸してやわらかくする

鍋に分量の水と煮干しを入れて一晩おいてやわらかくする。

3 ひと煮立ちさせて火を止める

弱火にかけて、沸騰したらひと煮立ちさせて火を止める。

4 こす

万能こし器にペーパータオルを敷いて静かにこす。

だしの保存のこと

だしをとるなら、まとめてたっぷりとりましょう。保存容器などに入れて蓋をして冷蔵保存が基本。できれば、2日以内に使い切るようにしましょう。

さばき方と切り方をマスター！ 魚介類の扱い方

年末年始のごちそうには、魚介類が欠かせません。
刺身や新巻鮭、毛蟹、あわびなど普段扱わない魚介類の扱い方をマスターして、豪華なお正月料理を楽しみましょう。

刺身を切る

刺身の切り方にも種類があります。刺身盛り合わせは平造り、カルパッチョなどにはそぎ切りを。

平造り

1 さくを横に置き、切っ先を引き上げて構える。
2 刃元をさくにあて、引きながら全体の刃を使うようにして身を切る。
3 刃先が弧を描くように引き切るのがコツ。

そぎ切り

左手で身を押さえながら、斜めに包丁を入れ、刃全体を使って引くように切る。

海老の殻・背ワタを取る

海老を調理する際の殻のむき方、背ワタの取り方、背開きを覚えましょう。

背開きにする

背側から包丁で切り込みを入れて、腹側を残して開く。このときに一緒に背ワタを取り除く。

殻をむく・背ワタを取る

1 殻は尾を持ちながら、片方の手でむく。
2 海老の背中にある黒い筋（背ワタ）を竹串を入れてそっと引き抜く。 

68

PART 1 だしのとり方

新巻鮭をおろす

お歳暮で新巻鮭が届いたものの、おろし方がわからないことも。出刃包丁を使っておろしてみましょう。

1 頭を左、背を手前にして置き、エラブタのつけ根に包丁を入れ、背側に向かって切る。向きを変え、同様にして切り、頭を落とす。

2 頭のほうを右、腹側を手前にして置き、中骨の上に包丁を入れる。そのまま中骨に添わせるようにして身を切り離す。

3 残った半身を裏返して、中骨の上に包丁を入れる。

4 そのまま中骨に添わせるようにして身を切り離す。

5 包丁を寝かせて骨をすくうように腹骨をそぎ取る。

毛蟹をさばく

毛蟹をむくのは大変そう…と思っていませんか？ コツを覚えれば、意外と簡単です。

1 左右5対ある脚をつけ根から手でねじってはずす。

2 胴体を裏返して、三角形のふんどしと呼ばれる部分に親指を入れながら、甲羅からはずす。

3 毛蟹の脚の殻にハサミを入れ、身を取り出す。胴は切り分けて中身を出す。

あわびの身をはずす

お正月だからこそ奮発して購入した、あわびの身のはずし方をおぼえましょう。

1 あわびは真水でよく洗い、貝殻の脇から包丁を入れく貝柱を切る。

2 殻から貝柱をはずしたら、肝を包丁で取り除く。

かきの身を洗う

かきもお正月料理でよく使う食材。一番大切な洗い方をおさえましょう。

かきのむき身をザルに移し、海水程度の塩水に浸してぬめりが取れるまでふり洗いをする。

69

Part 2

レベル別!
初級・中級・上級の

アレンジおせち料理

手間と時間のかかるおせち料理を作るのは、
ハードルが高すぎる…という人も多いのでは?
自分の好みやレベルにあった料理を選んで、
オリジナルのおせちを作ってみませんか?

レベルにあわせて自由自在。

年末年始にお役立ち！
盛りつけるだけプレート

年末年始はお客様が多くなるもの。買ってきたお刺身や乾きもの、巻き寿司や簡単おつまみをそのまま出すのではなく、盛りつけのテクニックで素敵におもてなししましょう。

1

大晦日に食べたい
刺身盛り合わせプレート

大晦日やお客様が来たときに出したい刺身盛り合わせ。
数種類のお刺身を買い込んで、立体的に盛りつけます。青じそや花穂、食用菊などを添えて。

盛りつけPoint

刺身の盛り合わせにチャレンジするときは、まずは刺身を切っておき、つま、青じそ、パセリ、食用菊などを用意。つまで小さい山をいくつか作り、青じそとともに刺身を盛りつけると彩りが鮮やかになります。

盛りつけの手順

1 大皿につまを4つほど丸めて置いて、うになどの箱ものがあったら、後ろに置く。

2 つまに添わせるように青じそを手前にのせる。

3 刺身を青じその上にのせるように盛りつける。

4 食用菊、花穂、紅たでなどを添える。

72

年末年始にお役立ち！ 盛りつけるだけプレート

盛りつけPoint

大きめの深鉢に乾きものを盛り合わせると、すぐにぐちゃぐちゃになりがちですが、ワイングラスを器にすることで、1種類ずつ混ざることなく、素敵な印象に。テーブルの真ん中に並べてスタイリッシュに。

2

急な来客時に
乾きものプレート

急な来客には、とりあえず、ナッツやドライフルーツなどの乾きものとドリンクをお出しして、いつもとは違う盛りつけでお客様を喜ばせましょう。

盛りつけの手順

1 ワイングラスを3つ用意し、紙ナフキンを丸めてグラスに差し込む。

2 それぞれのグラスにナッツ＆スナック、干しぶどう、ドライマンゴーを盛りつける。

73

盛りつけPoint

巻き寿司には、太巻き、中巻き、細巻きと太さの違うものがあります。円を描きながら、花びらを描くように盛りつけると華やかな印象に。外側から内側にいくにつれ、太→細の順番に並べましょう。

3

テーブルが華やぐ！
巻き寿司プレート

買ってきた巻き寿司を盛りつけるだけだけど、お祝いのテーブルにお出しするなら、華やかな盛りつけを。
太さ違いで2種類用意するのが華やかに見せるポイントです。

盛りつけの手順

1 太いほうの太巻きを丸い大皿に添わせながら、花びらのように丸く盛りつける。

2 真ん中には細いほうの太巻きを盛りつけて、お花の印象に。

年末年始にお役立ち！ 盛りつけるだけプレート

盛りつけPoint
白いプレートをトレーの代わりにし、その上に小皿、小鉢などをのせるとかわいい盛りつけに。アツアツのオーブン焼きをのせるなら、ペーパーナフキンを敷きます。さまざまな色遣いでかわいくコーディネートして。

おもてなしにぴったり！
おつまみプレート

オーブン焼きやディップ、生ハムなどのおつまみを数種類用意したら、大皿と小皿を組み合わせて素敵に盛りつけましょう。最初に小皿の場所を決めておくのが成功のポイント。

盛りつけの手順

1 白いスクエアプレートに小皿や小鉢、グラタン皿を置いて、位置を決める。

2 手前の小皿にアンチョビポテトを小鉢にディップやグリンピースのフリッターなどのおつまみを盛り合わせる。

3 手前にりんごと生ハム、レーズンバターを盛りつける。ディップにはチコリを添えて。

4 オーブン焼きができあがったら、下にペーパーナフキンを敷き、グラタン皿をのせる。

0級編

詰めるだけおせち

おせちをたくさん作るのは大変…。でも、豪華なおせちも作りたい。そんな悩みに答えるのが、豪華な食材を詰めるだけの「詰めるだけおせち」。詰め方のアイデアもおさえて。

スモークサーモン

> 手軽に買ってきた生ハムを盛りつけるだけでOK！ ひと味違う洋風おせちに。

盛りつけ方
端からクルクル巻いて花のようにして盛りつける。レモンのいちょう切りやケッパーを添えるとさらに素敵に。

> 小さいものから順に内側からクルクル巻いてお花に。ケッパーはお花のアクセントに。

生ハム・ハム

盛りつけ方
クルクルッとおおまかに丸めて盛りつける。オリーブなどを添えてもいい。あれば刻んだ干し柿と合わせるのもおすすめ。

いくら塩漬け

> 色とりどりのパッケージでいつもと違うおせちを演出して。

盛りつけ方
いくらの塩漬け（またはしょうゆ漬け）を小鉢などに盛る。また、クラッカーにクリームチーズをのせ、その上に盛りつけても。

> 華やかな彩りを添えてくれるいくらは子孫繁栄を願う意味が込められているから、取り入れて。

チーズアソート

盛りつけ方
お好みのチーズを揃えて盛り合わせる。クラッカーやドライフルーツ、ナッツなどもあるとより気がきいた感じになる。

76

PART 2 0級編 詰めるだけおせち

キャビア

盛りつけ方
お正月だからこそ、奮発したいキャビア。小さめの小鉢に盛りつけるか、クラッカーやチーズと合わせるのもおすすめ。

キャビアは、チョウザメの卵の塩漬け。お正月には奮発したい高級食材のひとつ。

蟹の缶詰＋マヨネーズ

大人用のお酒のおつまみにも、小さなお子様にも喜ばれる一品。

盛りつけ方
蟹の缶詰の汁けをきって器に盛りつけ、マヨネーズを添える。南天を添えれば盛りつけのアクセントに。

甘納豆

盛りつけ方
黒豆や栗きんとんのような甘いものの代わりに。小さめの小鉢に入れるのはもちろん、仕切りがあればそのまま入れてもOK。

甘納豆の他に、マロングラッセなどもおすすめ。ちょっと甘いものが欲しいときに。

ピクルス

酸味のある味がお口直しにぴったりです。こってりした料理の箸休めに。

盛りつけ方
市販のミックスピクルスを汁けをきって器に盛りつける。重箱に詰めるときは、汁けがもれないように深めの小鉢に入れて。

初級編

簡単だけど豪華なおせちを楽しもう

結婚してはじめてのお正月という人、自分でおせちを作ったことがない人、仕事が忙しくて、おせちを作る時間がない人にぴったりなのが、簡単に作れるけど、豪華でおいしい初級編。とても作りやすくて簡単なおせちを紹介します。そのまま大皿に盛りつけたり、基本のおせちと組み合わせて重箱に盛りつけるなど、オリジナルのおせち料理に挑戦してみましょう。

PART 2 初級編

海老マヨネーズバジル焼き

海老のうま煮もいいけれど、目先を変えて洋風にアレンジ。頭をつけたまま、背開きにしてバジルマヨネーズを塗ってトースターで焼くだけ。新婚さんや子供にもぴったり。

COOKING TIME 20分
STOCK 冷蔵●2〜3日

材料（作りやすい分量）

- 有頭海老（車海老など）……… 8尾
- 白ワイン ……………………… 大さじ1
- 塩・こしょう …………………… 各少々
- マヨネーズ …………………… 大さじ1
- バジルペースト ……………… 大さじ½

縁起食材メモ 【車海老】

長いひげを生やし、腰が曲がるまで長生きすることを願っておせちに使われる。また、赤色は魔除けの色とも言われる。

作り方

1. 海老は頭、尾を残して殻をむき、背側を開いて背ワタを取り除く。
2. 耐熱のバットに並べ、白ワイン、塩、こしょうをふって10分ほどおく。
3. 2の海老の汁けを軽くふき取り、背側を上にして並べ、マヨネーズを塗り、バジルペーストをのせる。オーブントースターで5分（または180℃に余熱したオーブンで7〜8分）ほど焼く。

1 背ワタを取るときは、頭と尾を残したまま背側に包丁を入れる。

2 バットに車海老を並べて、白ワイン、塩、こしょうで下味をつけて。

3 バジルペーストは市販のものでOK。マヨネーズを塗ったあとにのせてオーブンへ。

79

かきのオイル漬け

プリプリのかきをオリーブオイルで炒めるだけの簡単おせち。ワインのおつまみとしても最適。

COOKING TIME 20分
STOCK 冷蔵●1週間

材料（作りやすい分量）

かき（むき身）	400g
オリーブオイル	大さじ4
塩	小さじ½
にんにく	1片

作り方

1. かきのむき身はよく洗い、水けをしっかりふき取る。
2. フライパンに1、オリーブオイル、半分に切ったにんにく、塩を入れ、中火にかける。
3. ふつふつとしてきたら弱火にしてじっくりと10～15分ほど炒め、身が半分程度の大きさになったら火を止め、そのまま冷ます。

1　かきは水けを十分にふき取るのがおいしさの秘訣。

2　すべての材料をフライパンに入れてから塩で調味。

3　最初は中火、沸騰したら弱火にしてじっくり炒めて。

3　身が小さく縮むまでじっくり炒めるのがポイント。

ほたてのだし煮

蒸しほたてを使えば、あっという間にできる海鮮おせち。花形に抜いたにんじんを一緒に添えて華やかに。

COOKING TIME 10分
STOCK 冷蔵●2〜3日

材料（作りやすい分量）

にんじん	¼本
蒸しほたて	12個
A　だし汁	200mℓ
薄口しょうゆ	小さじ2
みりん	小さじ2
酒	小さじ2
砂糖	小さじ1
しょうがの絞り汁	小さじ1

作り方

1. にんじんは厚さ5mmの輪切りにして花型で抜き、塩ゆでする。
2. 鍋にほたて、1を入れてAを注ぎ、落とし蓋をする。
3. 2を中火にかけて、煮立たせ、2分ほど煮て火を止める。そのまま冷めるまでおいて味を含ませる。

1 最初に火の通りにくい花形にんじんをゆでる。

2 鍋にほたてを重ならないように並べるのがコツ。

2 煮汁を注いだら、落とし蓋をしてさっと煮て完成！

昆布〆

いつもの刺身も昆布で〆ることで、昆布の旨味がプラスされ、ワンランク上のおせちに。

材料（作りやすい分量）

昆布(5×15cm)	4枚
酒	適量
鯛などの刺身	1さく
塩	適量(刺身の重量の0.5%)

作り方

1. 昆布は酒でさっと洗う。鯛は6〜7mm厚さのそぎ切りにする。
2. 昆布1枚の上に半量の鯛を並べ、塩をふって、さらに昆布1枚をのせる。きっちりとラップをして、バットなどで重しをして、冷蔵庫で半日ほどおく。これを2つ作る。

ラップを広げて昆布をのせ、そぎ切りにした刺身を並べて。

上にも昆布をのせてラップで包んで冷蔵庫へ。

COOKING TIME 半日
STOCK 冷蔵●2〜3日 冷凍●1カ月

からすみの大根巻き

高級食材のからすみを大根で巻いてさっぱりと。かつらむきの大根で包んで。

COOKING TIME 10分
STOCK 冷蔵●2〜3日

材料（作りやすい分量）

大根	3cmの輪切り
からすみ	1本
三つ葉の茎	8〜10本

作り方

1. 大根はからすみの幅の厚みに輪切りにし、かつらむきにする。
2. からすみは3〜5mm厚さに切る。
3. 三つ葉は根を切り落として塩ゆでする。
4. かつらむきにした8cm程度の1に2をのせて巻き、3で結ぶ。

大根はかつらむきにして薄く切ると巻きやすい。

82

PART 2

初級編 昆布〆／からすみの大根巻き／う巻き／クルクル昆布巻き

う巻き

高級食材のうなぎを巻いた卵焼き。子供からお年寄りまでに喜ばれる初級おせちとして最適。

材料（作りやすい分量）

うなぎの蒲焼き	1/2枚
卵	4個
A　だし汁	大さじ2 1/2
薄口しょうゆ	小さじ2
みりん	小さじ2
サラダ油	適量

作り方

1. うなぎは卵焼き器の幅に合わせて切り、さらに縦半分に切る。
2. ボウルに卵を割りほぐし、Aを加えて混ぜ合わせる。
3. フライパンにサラダ油を薄くのばして熱し、2を適量流し入れる。
4. 半熟状になったら、奥側に1を1切れのせ、卵が焼けてきたら手前に巻いていく。あとは卵焼きと同様に焼き上げる。これを2本作る。

卵液が半熟状になったら、うなぎを奥側に置いて。

COOKING TIME ● 15分
STOCK ● 冷蔵●2〜3日

COOKING TIME ● 30分
STOCK ● 冷蔵●2〜3日　冷凍●1カ月

縁起食材メモ【昆布】
昆布は「喜ぶ」の言葉にかけて、正月の鏡飾りにも用いられている。一家発展を願う縁起物で、お正月料理に多く使われる。

クルクル昆布巻き

肉と一緒に昆布でクルクル巻くだけで簡単！薄切り肉だから、素早く煮えます。

材料（作りやすい分量）

早煮え昆布(5×10cm)	8枚
豚ロース薄切り肉	8枚
A　だし汁	400ml
しょうゆ	大さじ2
みりん	大さじ2
砂糖	小さじ2

作り方

1. 昆布は水に浸してやわらかく戻し、水けをふき取る（戻し汁はだし汁として使ってもいい）。
2. 1に豚肉をのせてクルクルと巻き、端を爪楊枝で2〜3カ所とめる。
3. 鍋に2を並べ、Aを注いで落とし蓋をする。中火にかけ20分ほど煮る。
4. 冷めるまでそのままおき、食べやすく爪楊枝の間を切る。

昆布を広げて薄切り肉をのせ、手前から巻いて。

83

ちくわチーズの塩昆布巻き

手軽に作れる一品。
重箱のすき間埋め食材に
ピッタリです。

材料（作りやすい分量）

ちくわ(小)	4本
スライスチーズ	2枚
三つ葉の茎	8本
塩昆布	適量

作り方

1. ちくわは縦に半分に切る。スライスチーズはちくわの幅に合わせて4等分に切る。
2. 三つ葉は塩ゆでする。
3. ちくわの上面にスライスチーズ、塩昆布をのせて手前から奥へクルクルと巻き、爪楊枝で留め2を巻いて結ぶ。

ちくわの外側を上にしてチーズ、塩昆布をのせて巻く。

巻いたら爪楊枝で留め、ゆでた三つ葉で結ぶ。

COOKING TIME 10分
STOCK 冷蔵●2〜3日

カニかまぼこの相生結び

大根やにんじんの細切りの代わりに、かにかまを紅白に見立て、おめでたい日の彩りに。

COOKING TIME 5分
STOCK 冷蔵●2〜3日　冷凍●1カ月

材料（作りやすい分量）

カニかまぼこ	適量

作り方

1. カニかまぼこは裂きながら、紅白に分ける。
2. それぞれを二つ折りにして組み合わせる。
3. 紅いカニかまぼこを輪にして持ち、白いカニかまぼこを輪にして引っかけ、上から通して結ぶ。

同じ幅に裂いて同じ数ずつ揃えて。

それぞれを二つ折りにして輪にして重ねて。

白いほうの先を紅いほうの輪に下から通して。

84

PART 2 初級編 ちくわチーズの塩昆布巻き／カニかまぼこの相生結び／たこのマリネ／ドライあんずのくるみみそ

たこのマリネ

洋風のマリネもおせちにおすすめ。赤と黄のパプリカも一緒にマリネして彩り華やかに。

材料（作りやすい分量）

ゆでたこ	200g
パプリカ（赤・黄）	各¼個
パセリ	1枝
A　オリーブオイル	大さじ2
レモンの搾り汁	大さじ1
白ワインビネガー	大さじ1
ケイパー	小さじ2
砂糖	小さじ1
塩	小さじ⅓
こしょう	少々

作り方

1. ゆでたこはそぎ切りにする。
2. パプリカは粗めのみじん切り、パセリはみじん切りにする。
3. ボウルにAを入れて混ぜ合わせ、1、2を加えてあえる。

縁起食材メモ 【たこ】
弾力があるたこのように、粘り強く物事に取り組めるように、また「多幸」から多くの幸せを祈願する食材。

COOKING TIME 10分
STOCK 冷蔵●2～3日　冷凍●1カ月

COOKING TIME 10分
STOCK 冷蔵●2～3日

ドライあんずのくるみみそ

ちょっと甘みが欲しいときに、添えておきたい一品。ワインのおつまみにもぴったり。

材料（作りやすい分量）

くるみ	20g
白みそ	小さじ2
カッテージチーズ	小さじ2
ドライあんず	8個

作り方

1. くるみは粗めに砕き、フライパンで炒る。
2. 1、白みそ、カッテージチーズを混ぜ合わせる。
3. ドライあんずに2を塗り、半分に折って爪楊枝で留める。

ドライあんずは薄めのものがおすすめ。

85

スモークサーモンのミルフィーユ

ピックで手軽に食べられる！チーズとサーモンを重ねるだけの簡単おつまみ。

COOKING TIME 5分
STOCK 冷蔵●2〜3日 冷凍●1カ月

材料（作りやすい分量）

スライスチーズ……………8枚
スモークサーモン…………18枚

作り方

1. スライスチーズ1枚にスモークサーモンを3枚のせる。交互に3段ほど重ねる。
2. ピックなどで刺し、食べやすく切る。

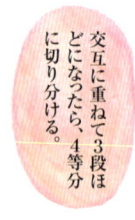

> 交互に重ねて3段ほどになったら、4等分に切り分ける。

赤ワインの寒天よせ

オレンジジュースの味がきいた大人の寒天よせ。重箱にちりばめてもかわいい。

COOKING TIME 半日
STOCK 冷蔵●5日

材料（作りやすい分量）

赤ワイン……………………250㎖
砂糖…………………………大さじ3
粉寒天………………………小さじ2
オレンジジュース（果汁100％）
　……………………………250㎖

作り方

1. 鍋に赤ワイン、砂糖、粉寒天を入れて中火にかける。混ぜながら粉寒天を溶かし、ひと煮立ちしてから2分ほど煮て火を止める。
2. オレンジジュースを加えて混ぜ合わせ、バット（または流し缶など）に注ぐ。
3. 粗熱をとり、冷蔵庫で半日ほど冷やし固める。
4. 花型などお好みの型で抜く。

> 木べらでよく混ぜながら寒天を溶かして。

> バットに寒天液を注いだら、粗熱がとれるまでそのままに。

86

PART 2

中級編

少しの手間をかけて ていねいに作るおせち

料理に少し自信がついてきたら、作ってみたい中級編のおせち。
定番のおせちに飽きたときやおもてなしにも取り入れたいアレンジおせちを作ってみましょう。
煮豚やローストビーフ、テリーヌなど、少しの手間をかけて豪華なおせちにチャレンジすれば、今年のお正月の食卓を華やかに演出できます。
主菜から小さいおつまみまで、豊富なバリエーションを楽しんで。

煮豚

豚肩ロースかたまり肉を一度ゆでてから、煮汁でコトコト煮るだけ。子供から大人まで喜ばれます。

COOKING TIME 2時間
STOCK 冷蔵●3〜4日

材料（作りやすい分量）

豚肩ロースかたまり肉	500g
A ┌ 八角	1個
｜ シナモンスティック	1本
｜ 赤唐辛子（種を取る）	1本
｜ にんにく	1片
｜ しょうが	1片
｜ しょうゆ	60㎖
｜ 酒	60㎖
｜ みりん	60㎖
└ 砂糖	大さじ1½

作り方

1. 豚肉はタコ糸を巻いて形をととのえる。
2. 鍋に1を入れ、かぶるくらいの水を注ぐ。中火にかけ、ひと煮立ちしたら、ゆで汁を捨てる。
3. 2に再びかぶるくらいの水を入れ、中火にかける。蓋をし、30分ほどゆでてからAを加え、さらに1時間ほど、煮汁が少なくなるまで煮る。
4. そのまま放置して粗熱がとれたら煮汁から取り出し、タコ糸をはずして食べやすく切る。

1. あらかじめタコ糸が巻いているタイプが便利。
2.  ひと煮立ちしたら、豚肉を取り出してゆで汁を捨てる。
3. 蓋をして30分ほどゆでてから、調味料を加えて。
4. 1時間ほど煮たら火を止めてそのまま放置。

PART 2 中級編 煮豚／ローストビーフ

ローストビーフ

ごちそう料理の代表格「ローストビーフ」は、切ったときに肉がほどよくピンク色になっていればOK。焼き上げたあとはアルミホイルで包んで粗熱をとることがポイントです。

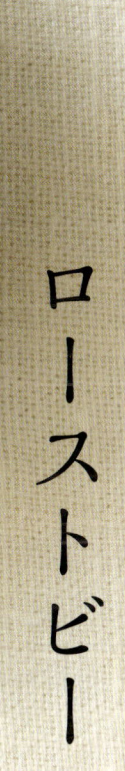

COOKING TIME **60分**
STOCK 冷蔵●2〜3日

材料（作りやすい分量）

牛ももかたまり肉	600g
塩	小さじ1
こしょう	少々
にんにく（すりおろし）	小さじ1
サラダ油	大さじ1
A ┌ 赤ワイン	150mℓ
├ しょうゆ	大さじ4
├ はちみつ	大さじ2
└ ローリエ	1枚

作り方

1 牛肉は冷蔵庫から出して30分ほど室温におき、塩、こしょう、にんにくをすり込む。

2 フライパンにサラダ油を熱し、2を強火で4面を2分程度ずつ、こんがりと焼く。

3 合わせたAを加えて蓋をし、ときどき牛肉を転がしながら5分ほど煮絡める。

4 肉を取り出してアルミホイルで包み粗熱がとれるまでおき、食べやすく切り分ける。お好みで煮汁をかけていただく。

---

1 牛肉は室温に戻してから、下味をすり込むのがコツ！

2 牛肉の表面をこんがり焼いて旨味を閉じ込めて。

3 全体に味がなじむように転がすのがポイント。

4 肉はアルミホイルで包んでそのまま放置。

海老と野菜のゼリーのせ

小さめの小鉢に盛りつけて、お出ししたいおしゃれなおせち。海老と野菜をゆでて、ゼリーをのせるだけだから簡単です。

⏱ 3時間
STOCK 冷蔵●2～3日

材料（作りやすい分量）

- 海老（小さめのもの）……8尾
- グリーンアスパラガス……2本
- カリフラワー……100g
- 粉ゼラチン……小さじ1
- 水……大さじ1
- A ┌ だし汁……100mℓ
　　│ 薄口しょうゆ……大さじ1
　　│ みりん……大さじ1
　　└ 塩……少々

作り方

1. 海老は殻の上から背ワタを取り除く。酒、塩各少々（分量外）を加えた熱湯で2分ほどゆで、ザルにあげる。粗熱がとれたら尾を残して殻をむく。

2. グリーンアスパラガスは筋とはかまを取り除いて8mm幅の斜め切りにする。塩を加えた熱湯で1分ほどゆでる。

3. カリフラワーは小房に分け、大きければ半分～1/4に切る。塩を加えた熱湯で2分ほどゆでる。

4. ボウル（小）に分量の水を入れ、粉ゼラチンをふり入れてふやかす。

5. 鍋にAを煮立て、火を止めて4を加えて溶かす。ボウルなどに移して、粗熱がとれたら冷蔵庫で冷やし固める。

6. 器に1、2、3を盛り合わせ、崩した5をのせる。

1～3 海老と野菜をゆでて用意しておく。

5 調味液がひと煮立ちしてから、ゼラチンを加えて。

6 冷やし固めたゼリーは、フォークで崩して。

PART 2 中級編 海老と野菜のゼリーのせ／ツナのテリーヌ

ツナのテリーヌ

少し難易度の高いテリーヌもパウンド型があれば、簡単にできます。材料を細かく刻むのが面倒なときは、フードプロセッサーを使うとさらに手軽です。

半日
冷蔵●5日ほど
冷凍●1ヵ月

材料（18×9×6cmのパウンド型1台分）

玉ねぎ	½個
ケイパー	小さじ2
ゆで卵	2個
セージ	6枚
A　生クリーム	100mℓ
塩	小さじ½
こしょう	少々
溶かしバター	40g
ツナ缶（ノンオイルタイプ）	大2缶（330g）
粉ゼラチン	20g
水	大さじ4

作り方

1. 玉ねぎ、ケイパー、ゆで卵、セージはみじん切りにしてボウルに入れ、A、ツナを合わせる（フードプロセッサーを使うと簡単）。

2. 小さめのボウルに分量の水を入れてゼラチンをふり入れてふやかし、電子レンジで30秒加熱して溶かす。

3. 1に2を加えて混ぜ合わせ、パウンド型に入れ、冷蔵庫で一晩おいて冷やし固める。型から取り出し、1cm厚さに切る。器に盛り、セージ（分量外）を飾る。

1　ゼラチンは水にふり入れてふやかすこと。

2　ふやかしたゼラチンを加えたらまんべんなく混ぜて。

3　パウンド型に流し込んだら、そのまま冷やして。

蟹のテリーヌ

白ワインにぴったりの簡単テリーヌ。作り方はとても簡単ですが、詰めるときのひと手間でおしゃれなおせちが作れます。蟹のほぐし身も多めに入れて豪華に。

COOKING TIME 20分（冷凍する時間は除く）

STOCK 冷蔵●2〜3日　冷凍●1カ月

材料（作りやすい分量）

クリームチーズ	200g
蟹のほぐし身	100g
万能ねぎ	10g
柚子の搾り汁	小さじ2
柚子の皮	適量
塩	小さじ1/3
こしょう	少々
スモークサーモン	10枚

作り方

1. クリームチーズは室温に戻してやわらかくする。
2. 蟹は細かくほぐす。万能ねぎは小口切りにする。柚子の皮は小さじ1/2程度をみじん切りにする。
3. ボウルに1と2、柚子の搾り汁、塩、こしょうを加えて練り合わせる。
4. 小さめのパウンド型にラップを敷き、スモークサーモンを広げて並べ入れ、3を詰めて冷凍庫で3時間ほど冷やし固める。
5. 食べる少し前に冷凍庫から取り出して半解凍し、食べやすく切り分けてから器に盛る。

> 3 クリームチーズは室温に戻しておくことで混ぜやすく。

> 4 パウンド型の底にスモークサーモンを広げて。

> 4 ゴムベラを使ってチーズをすみずみまで詰めて。

いかの松笠焼き

松は長寿の象徴。いかを松の実に見立てた焼き物です。クコの実の赤でお正月らしく。

材料（作りやすい分量）

いか（紋甲いかなど）	200g
サラダ油	小さじ1
A しょうゆ	大さじ1
みりん	大さじ1
クコの実	大さじ1

15分
STOCK 冷蔵●2〜3日／冷凍●1カ月

作り方

1. いかは薄皮をむいて格子状に斜めに切り込みを入れ、細長いひと口大に切る。
2. 1を熱湯で1分ほどゆでる。
3. フライパンにサラダ油を熱し、2をさっと炒めてから、Aを加えて煮絡める。
4. クコの実は水に浸して戻しておき、水けを絞って3と合わせて盛りつける。

> 1 包丁を斜めにして格子状に切り込みを入れて。

鯛のうに焼き

うにの塩漬けと卵黄の濃厚ソースを鯛に塗って、グリルで焼くだけで贅沢なごちそうです。

10分
STOCK 冷蔵●2〜3日

材料（作りやすい分量）

鯛（切り身）	4切れ
うにの塩漬け	小さじ2
卵黄	1/2個分
みりん	小さじ1

作り方

1. うにの塩漬けに卵黄、みりんを少しずつ加えながらのばす。
2. 鯛の切り身は半分に切り、皮面に1を塗る。
3. 魚焼きグリルで7分ほど焼く。

> 2 うに卵黄ソースは皮目に塗ること。

野菜の生ハム巻き

棒状に切った野菜のピクルスを作って生ハムで巻くだけで素敵なオードブルに。

材料（作りやすい分量）

生ハム	8枚
大根	150g
きゅうり	70g
にんじん	70g
A 酢	50mℓ
薄口しょうゆ	大さじ1
砂糖	小さじ2
塩	少々

作り方

1. 大根、きゅうり、にんじんは生ハムの幅に合わせた長さに切り、1cm角の棒状に切る（大根は16本、きゅうり、にんじんは8本に切る）。
2. ファスナーつき保存袋にAを合わせ、1を加えて半日ほど漬ける。
3. 2の汁けをきり、生ハムで巻き、半分〜1/3に切る。

COOKING TIME 15分（漬ける時間を除く）
STOCK 冷蔵●2〜3日

たこの桜煮

たこの色合いがお正月のお祝いにぴったりの桜煮。やわらかい食感がおいしい。

COOKING TIME 50分
STOCK 冷蔵●3〜4日　冷凍●1カ月

材料（作りやすい分量）

ゆでたこ	300g
大根おろしの絞り汁	200mℓ
A しょうゆ	小さじ1
みりん	小さじ1
酒	大さじ1
砂糖	小さじ1

作り方

1. たこは食べやすく切る。
2. 鍋に1、大根おろしの絞り汁、ひたひたの水を加えて蓋をして弱火にかけ煮る。30分ほど煮てから、Aを加える。落とし蓋をして15分ほど、煮汁が2/3くらいになったら火を止める。

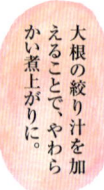

大根の絞り汁を加えることで、やわらかい煮上がりに。

94

PART 2 中級編 野菜の生ハム巻き／たこの桜煮／鶏手羽の香り煮／竜眼巻き

鶏手羽の香り煮

手羽中を五香粉入りの煮汁で煮絡めるだけ。スパイシーな香りが食欲をそそります。

⏱ 10分
STOCK 冷蔵●2〜3日

材料（作りやすい分量）

鶏手羽中	8本
A 五香粉	小さじ1
酒	大さじ2
砂糖	大さじ1
しょうゆ	大さじ1½
水	100㎖

作り方

1 鶏手羽中は骨に沿って切り込みを入れる。

2 フライパンで1を皮目から焼く。パリッと焼けたらAを加えて中火で5分ほど、フライパンをときどきゆすりながら煮絡める。

竜眼巻き

中国料理の前菜のひとつで、うずらの卵を竜の眼に見立てたお祝い料理。

⏱ 20分
STOCK 冷蔵●2〜3日

材料（作りやすい分量）

鶏ささみ	4本
塩	少々
焼きのり	1枚
うずらの卵（水煮）	8個
小麦粉	適量
サラダ油	小さじ2
A しょうゆ	大さじ1½
みりん	大さじ1½
砂糖	大さじ½

作り方

1 ささみは筋を取り除き、麺棒などでたたいて薄くのばす。半分に切る。

2 1に塩をふる。うずら卵の大きさに合わせて切った焼きのりに、うずらの卵をのせて巻き、ささみで包む。小麦粉をまぶす。

3 サラダ油を熱したフライパンで2を焼く。少しずつ転がしながら焼き、全体が焼けたらAを加えて煮絡める。

4 半分に切って盛りつける。

1 細長く切った焼きのりでうずらの卵を巻く。

2 さらに薄くのばした鶏ささみで包んで。

95

サーモンとほたての白みそマリネ

とびっこ入りの白みそダレをまとめて作っておくと、刺身の他にゆで野菜にかけても◎。

材料（作りやすい分量）

サーモン（刺身用）	100g
ほたて（刺身用）	100g
塩	少々
A ┬ とびっこ	小さじ2
├ 白みそ	小さじ2
├ オリーブオイル	小さじ2
└ 柚子の搾り汁	小さじ2
芽ねぎ	適量

作り方

1. サーモンは1cm角、ほたては4等分に切り、塩をふって30分ほどおき、水けをふき取る。
2. Aはよく混ぜ合わせる。
3. 器（または柚子釜）に1を盛りつけ、2をかけて、2cm幅に切った芽ねぎを飾る。

柚子釜の作り方
柚子はキレイに洗い、上¼を切る（蓋にする）。下はスプーンで中身をくりぬく。中身はポン酢に使ったり、あえ物に使っても。

COOKING TIME 10分
STOCK 冷蔵●2〜3日

花れんこんの明太子詰め

れんこんの穴に明太子マヨネーズをたっぷり詰めて、花れんこんでお祝いを。

COOKING TIME 20分
STOCK 冷蔵●2〜3日

材料（作りやすい分量）

れんこん（1cm厚さの輪切り）	8枚
辛子明太子	80g
マヨネーズ	大さじ1

作り方

1. れんこんは1cm厚さの輪切りにし、花形に切り込みを入れながら皮をむき（P47参照）、酢水にさらす。
2. 酢を加えた熱湯で1を3分ほどゆで、ザルにあげてそのまま冷ます。
3. 明太子は薄皮からしごき出し、マヨネーズと混ぜ合わせる。
4. 2の穴に3を詰める。

ゴムベラやスプーンなどを使って詰めて。

96

PART 2 上級編

上級編

とっておきの豪華なおせちに挑戦する

年に一度のお正月だからこそ、豪華絢爛なおせちを作ってみませんか? 時間や手間をしっかりかけて、鴨やあわび、毛蟹などのとびきり豪華な食材を使った上級おせちにチャレンジしてみましょう。いつものおせちに、豪華な上級おせちを1品取り入れるだけで、お正月気分も盛り上がるというもの。また、おもてなしのメイン料理としてもお客様に喜ばれるのでおすすめです。

鴨のロースト

鴨肉はお正月だからこそ、食べたい豪華食材。ある程度焼いてから、アルミホイルで包んで余熱で火を通し、レアな状態に仕上げるのがおいしさのポイント。

40分 (漬ける時間は除く)

STOCK 冷蔵●2〜3日

材料（作りやすい分量）

鴨むね肉	1枚
塩	小さじ¼
こしょう	少々
にんにく（すりおろし）	小さじ½
A 昆布（3cm角）	1枚
赤唐辛子（種を取る）	1本
しょうゆ	大さじ2
酢	大さじ2
レモンの搾り汁	小さじ2
みりん	大さじ3

作り方

1. 鴨肉は皮目に縦に3〜4本ほど切り込みを入れる。塩、こしょう、にんにくをすり込む。

2. フライパンを中火で熱し、1を皮目から焼く。10分ほど焼いたら裏返し、さらに5分ほど焼く。余分な脂が出てきたらペーパータオルなどでふき取る。

3. 鍋にAを合わせて火にかけ、ひと煮立ちさせる。

4. 2をアルミホイルで包み、20分ほどおく。

5. ファスナーつき保存袋に4を入れ、3を注いで冷蔵庫で一晩漬ける。汁けをきって食べやすく切る。

1 包丁で縦に切り目を入れて。

2 余分な脂が出たら、ペーパータオルなどでふき取って。

4 アルミホイルで包み、余熱で火を通す。

5 漬け汁に肉がつかっている状態にする。

鯛の塩釜焼き

グリルで焼くよりも、ふっくらおいしく焼き上がる塩釜焼き。オーブンに入れて焼くだけだから意外と簡単。昆布で鯛をはさむことで、塩分が移り過ぎるのを防ぎます。

COOKING TIME 40分
STOCK 冷蔵●2～3日

材料（作りやすい分量）

- 鯛　　　　　　　　1尾（20cm・200g程度）
- 粗塩　　　　　　　600g
- 卵白　　　　　　　2個分
- 昆布（15cm長さ）　2枚

作り方

1. 昆布は水に浸して戻す。
2. 鯛はウロコや腹ワタを取り除く。
3. 塩に卵白を加え、手でよく混ぜ合わせる。勢いよくしばらく混ぜているとふんわりとした感触になってくる。
4. オーブンシートを敷いた天板に3を半量広げ、水けをふき取った1、2をのせる。残りの1、3をのせて、表面をなめらかにととのえる。
5. 200℃に予熱したオーブンで30分ほど焼く。焼けたら、麺棒などで塩釜を割って塩を取り除く。

3 ふんわりとするまでよく混ぜること。

4 塩釜の生地を広げて、昆布、鯛をのせて。

4 鯛の上に昆布をのせ、塩釜の生地を全体にかぶせるようにのせて。

5 麺棒がなければ瓶などでも代用可。

あわびの酒蒸し

あわびはお祝い事にぴったりの高級食材。殻をよく洗うことがおいしさの秘訣。蒸し器でじっくり2時間かけて蒸すことでやわらかい食感に。

COOKING TIME 140分
STOCK 冷蔵●2〜3日 / 冷凍●1カ月

材料 (作りやすい分量)

- あわび……………………………1〜2個
- 昆布(7〜8cm長さ)………………1枚
- 酒…………………………………大さじ2

縁起食材メモ 【あわび】

のしあわびという、あわびを薄く切って長く伸ばしたものがお祝いの象徴として有名。永遠に発展してめでたいことが永く続くようにとの願いが込められています。

作り方

1. あわびは塩(分量外)をふり、よくこすり、たわしなどを使って洗う。
2. 耐熱の器やバットに1をのせ、酒をふる。昆布をのせて、ラップをかける。
3. 蒸気の上がった蒸し器に入れ、蓋をして弱火で2時間ほど蒸す。取り出して、ラップの端を少し開けてそのまま冷ます。
4. 身を殻から取り出す。キモを取り除き、7mm厚さのそぎ切りにする。あわびの殻に戻し入れて盛りつける。

1. 塩をふって、たわしでよくこすって汚れを落として。
2. 酒を加えて昆布をのせて2時間蒸してやわらかく。 
3. 蒸し上げたあわびはラップの端を少し開けて。

100

PART 2 上級編 あわびの酒蒸し／蟹みそ甲羅焼き

蟹みそ甲羅焼き

毛蟹1杯分の身をはぐして甲羅に詰めて焼くという、本当に豪華な一品。そのまま食べるのもおいしいけれど、蟹みその風味で焼き上げ、香りも楽しめるごちそうです。

COOKING TIME 20分
STOCK 冷蔵●2〜3日

材料（作りやすい分量）

- 毛蟹 ……………………………… 1杯
- A
  - みそ …………………………… 小さじ1
  - みりん ………………………… 小さじ1
  - 酒 ……………………………… 小さじ1

縁起食材メモ 【蟹】

蟹は脱皮をくり返して成長するので無限や再生を意味したり、はさみを上下にふる姿がツキを招いているように見えるため、縁起物として昔から愛されています。

作り方

1. 毛蟹は脚をはずして、胴体は甲羅をはずす（P69参照）。すべての身をほぐす（脚の身、蟹みそなど）。
2. 1の身にAを加えて混ぜ合わせ、甲羅に詰める。
3. オーブントースターなら5分ほど、オーブンなら200℃で5分焼く。

1. 毛蟹の脚をはずして縦にはさみを入れ、身を取り出す。
2. 合わせた調味料を加えて全体を混ぜて。
2. 甲羅に調味料であえた身をこんもり詰めて。

〆さば

鮮度のよいさばを自分で〆てみましょう。下ごしらえをきちんとし、手順を守れば、時間はかかりますが意外と簡単に極上の〆さばを作れます。

⏱ 150分

🧊 STOCK 冷蔵●2〜3日

材料（作りやすい分量）

さば（鮮度のよいもの）	1尾
塩	大さじ2
酒	適量
A ┌ 酢	120mℓ
├ みりん	大さじ3
└ 砂糖	小さじ2
昆布（20×5cm）	2枚

作り方

1. さばは三枚におろし、血合い、小骨などを取り除く。
2. 塩をまぶしてバットに入れて1時間ほどおき、酒で洗う。
3. 別のバットに2、合わせたAを入れて、昆布をのせる。ぴっちりとラップをのせてなるべく空気に触れないようにする。冷蔵庫で途中上下を返しながら1時間ほど漬ける。
4. 頭のほうから皮をひき、食べやすく切る（皮に浅く切り込みを入れるといい）。

2 さばに塩をたっぷりまぶして冷蔵庫へ。

2 たっぷりの酒で塩を洗い流して。

3 昆布をそれぞれにのせてぴっちりラップで漬けて。

4 漬けたあとは、頭のほうから力を入れて皮をむく。

102

パテ・ド・カンパーニュ

豚ひき肉とレバーを一緒にフードプロセッサーでペースト状にして焼く田舎風パテ。フードプロセッサーがあれば簡単です。松の実やドライイチジク、りんごのほどよい甘みがアクセントに。

COOKING TIME 90分（冷蔵庫におく時間は除く）

STOCK 冷蔵●2〜3日

材料（18×9×6cmのパウンド型1台分）

鶏レバー	150g
A 豚こま切れ肉	350g
バター	30g
卵黄	2個分
ブランデー	大さじ2
セージ	6枚
にんにく	1片
塩	小さじ2/3
こしょう	少々
松の実	大さじ2
ドライイチジク	3個
りんご	1/4個
ローリエ	5枚

作り方

1. レバーはよく洗い、余分な脂や血液を取り除く。牛乳（分量外）に10分ほど浸して臭みを抜く。
2. フードプロセッサーに1、Aを入れてペースト状にする。
3. 松の実、5mm角に切ったイチジク、りんごを加えて混ぜ合わせ、バター（分量外）を塗ったパウンド型に詰める。ローリエをのせる。
4. 180℃に予熱したオーブンで1時間焼く。
5. 重しをして粗熱をとり、冷蔵庫で一晩おく。型から取り出して食べやすく切る。

2 レバーと豚こま切れ肉、その他の材料をペーストに。

3 5mm角に切ったドライイチジク、りんごを混ぜて。

3 パウンド型に詰めて、ローリエをのせて。

5 焼き上がったら、重しをのせて落ち着かせて。

上級編　〆さば／パテ・ド・カンパーニュ

ラムの赤ワイン煮込み

⏱ 90分
STOCK 冷蔵●2〜3日

骨つきのラムチョップで作る豪華な肉のおせちは、見た目もコクのある味も極上の仕上がり。まとめて作っておけば、おもてなしにもすぐに出せて喜ばれます。

材料（作りやすい分量）

ラムチョップ	8本
塩・こしょう	各少々
玉ねぎ	½個
にんにく	2片
A　赤ワイン	400mℓ
ローリエ	1枚
しょうゆ	大さじ1
はちみつ	小さじ2
塩	小さじ⅓
こしょう	少々
オリーブオイル	小さじ2

作り方

1. ラム肉は筋を切り、塩、こしょうをふる。
2. 玉ねぎ、にんにくはすりおろす。
3. フライパンにオリーブオイルを熱し、1を焼く。強火でこんがりと両面を焼いたら鍋に移す。
4. 3に2、Aを加える。蓋をして弱火で1時間ほど煮る。
5. 蓋を取り、強火にして煮汁が半分くらいになるまで煮詰める。火を止めてそのまま冷ます。汁けをきって盛りつける。

1. 包丁の先でラム肉の筋を切って縮み防止に。 
3. フライパンにラム肉を入れてあまり動かさず、こんがり焼く。  
4. 煮汁を加えたら、蓋をして弱火で1時間。 
5. 煮汁が半分ぐらいに煮詰まったら、仕上がりのポイント。

PART 2 上級編 ラムの赤ワイン煮込み／スペアリブの中華ロースト

スペアリブの中華ロースト

トウチ入りの漬けダレにしっかり漬け込んで焼くだけのスペアリブ。骨つき肉はボリューム感もあるうえ、ごちそう感もあるのでおすすめです。

⏱ 90分

STOCK 冷蔵●2〜3日

材料 （作りやすい分量）

スペアリブ（6〜8cm長さ程度のもの）	8本
塩・こしょう	各少々
トウチ*	大さじ1
A 紹興酒	大さじ2
しょうゆ	大さじ2
しょうがの絞り汁	小さじ2
ごま油	小さじ2
はちみつ	小さじ2

＊トウチ…黒豆に塩を加えて発酵させ、水分を減らした中華食材。

作り方

1. スペアリブは塩、こしょうをふる。
2. トウチは刻んでボウルに入れ、Aを加えて合わせてから1を加えて、1時間ほど漬ける。
3. 汁けをきり、220℃に予熱したオーブンで20〜30分ほど焼く。

ファスナーつき保存袋に入れるとよく漬かるのでおすすめ。

オーブンペーパーを敷いた天板の上に並べて。

1 塩、こしょうをまんべんなくまぶして。

2 刻んだトウチはあらかじめ調味液と合わせておく。

105

おなかにやさしい料理

食べすぎたときに胃を休めたい

豪華なおせちやごちそう料理を食べすぎたかな…？ と思ったら、ちょっと胃をひと休みさせましょう。
ほっとできるやさしい味がうれしい料理を紹介します。

卵蒸しパン

COOKING TIME 20分

材料（作りやすい分量）

- A ┬ 薄力粉 ……………… 200g
　　└ ベーキングパウダー
　　　　　　　　　…… 小さじ1
- 砂糖 ………………… 大さじ3
- 牛乳 ………………… 150㎖
- サラダ油 …………… 大さじ1
- 卵 ……………………… 1個

作り方

1. Aは合わせてふるい、材料を全て混ぜ合わせる。
2. アルミカップに1を流し入れる。
3. 蒸し器の蓋は水滴が落ちてこないように布巾で包んでおく。
4. 蒸気の上がった蒸し器に2を並べ、3の蓋をして中火で15分ほど蒸す。

卵粥

COOKING TIME 30分

材料（2人分）

- だし汁 ……………… 600㎖
- ごはん ……………… 200g
- 酒 …………………… 大さじ1
- 塩 …………………… 小さじ1/4
- しょうゆ …………………… 少々
- 卵 ……………………… 1個
- 三つ葉 ………………… 適量

作り方

1. 鍋にだし汁を温め、ごはんを入れる。弱火で20分ほど煮、酒、塩、しょうゆで味をととのえる。
2. 溶きほぐした卵を回し入れてざっと混ぜる。
3. 器に盛り、ざく切りにした三つ葉をのせる。

column

おなかにやさしい料理

かぶら蒸し

COOKING TIME 20分

材料（2人分）

- 木綿豆腐……………1/3丁（100g）
- しめじ………………1/2パック
- かぶ（大きめのもの・葉つき）……1個
- 片栗粉………………小さじ1
- 卵白…………………1個分
- かまぼこ（薄切り）…2枚
- A ┬ だし汁………………100ml
　　├ しょうゆ……………小さじ1/2
　　├ 酒……………………小さじ1
　　├ みりん………………小さじ1
　　└ 塩……………………小さじ1/4

作り方

1. 木綿豆腐は水けをきって4等分に切り、しめじは石づきを切り落としてほぐす。
2. かぶはすりおろし、片栗粉、卵白を混ぜ合わせる。かぶの葉は少量を刻む。
3. 器に1、かまぼこを盛り、2をのせる。蒸気の上がった蒸し器に入れ中火で10分ほど蒸す。
4. 鍋でAを温めて水溶き片栗粉（分量外）でとろみをつけ、3にかける。

豆乳うどん

COOKING TIME 20分

材料（2人分）

- キャベツ……………100g
- 鶏ささみ……………2本
- ゆでうどん…………2玉
- だし汁………………500ml
- 無調整豆乳…………250ml
- みそ…………………大さじ2
- 塩……………………少々
- 万能ねぎ……………適量

作り方

1. キャベツはざく切りにする。鶏ささみは筋を取り除いて1cm幅のそぎ切りにする。
2. うどんはゆでておく。
3. 鍋にだし汁を温め、1を加えて5分ほど煮る。豆乳を加え、温まったらみそを加えて溶き入れ、塩で味をととのえる。
4. 3に2を加えて温め、器に盛りつける。あれば万能ねぎの小口切りを散らす。

Part.3

年末年始の集まりに
みんなで楽しむ

ごちそう料理

年末年始は人が集まることが多いもの。
お正月の夜や訪問時に喜ばれる、
鍋や持ちより、作りおきサラダ、おつまみなど
おいしい料理をたくさん紹介します。

お正月の夜はやっぱり鍋！

お正月の夜の定番料理と言えば、鍋料理。今年はいつもの鍋とは違う、目先を変えた極上鍋を作りましょう。一緒に添えたい副菜のアイデアや〆のごはんも紹介します。

赤ワインすき焼き

みんなが集まるときは、やっぱりこれ！
赤ワイン風味で大人の味。

作り方

1. 春菊は葉を摘む。クレソンは茎の下の方の硬い部分を切り落とす。長ねぎは斜め切り、しめじは石づきを切り落としてほぐす。
2. 厚揚げは熱湯を回しかけて油抜きし、ひと口大に切る。
3. 鍋に赤ワインを煮立てる。半量くらいまで煮詰めたら、Aを加えて火を止める。
4. すき焼き鍋に牛脂（またはサラダ油）を熱し、牛肉を適量入れてさっと炒め、3を大さじ3～4注いで煮絡める。火が通ったら取り分けてお好みで粗びき黒こしょうをふっていただく。
5. さらに長ねぎを炒めてから、その他の具材、割り下を加え、残りの牛肉も加えながら煮る。

3 赤ワインを煮立ててアルコール分を飛ばして。

4 最初は牛肉をさっと焼いてから割り下を注ぐ。

5 長ねぎを炒めてから具材と割り下を加えて。

〆のごはん　煮うどん
残った煮汁にゆでうどんを入れて煮絡めて。溶き卵につけて食べるのもおいしい。

COOKING TIME 20分

材料（4人分）

牛もも薄切り肉	300g
春菊	200g
クレソン	100g
長ねぎ	1本
しめじ	1パック
厚揚げ	1枚
赤ワイン	100mℓ
A　しょうゆ	100mℓ
みりん	100mℓ
砂糖	大さじ2
粗びき黒こしょう	少々
牛脂（またはサラダ油）	適量

副菜アイデア
和風ピクルスサラダ→P128
生麩バター焼き→P137

PART 3 — お正月の夜はやっぱり鍋！

海鮮しゃぶしゃぶ

いつものしゃぶしゃぶを海鮮で。
プリプリの食感を楽しんで。

材料 (4人分)

海老(車海老など)	4尾
ほたて貝柱	8粒
鯛(刺身用)	1さく
蟹脚(ボイルでもOK)	200g
A　しょうゆ	100㎖
みりん	大さじ2
酒	大さじ2
昆布(3cm角)	1枚
柚子の搾り汁	50㎖
水菜	200g
万能ねぎ	100g
しいたけ	8枚
木綿豆腐	1丁(300g)
昆布だし	800㎖

COOKING TIME 20分

副菜アイデア
にんじんサラダ→P126
しらたきの明太子炒め→P131

作り方

1. タレを作る。小鍋にAを入れる。昆布がやわらかく戻ったら強火にかけ、ひと煮立ちさせて火を止める。冷めたら柚子の搾り汁を加える。
2. 海老は殻の上から背ワタを取り除く。ほたて貝柱は厚みを半分に切る。鯛はそぎ切りにする。
3. 水菜、万能ねぎは4cm長さ程度のざく切りにする。
4. しいたけは石づきを切り落とし、飾り切りする。木綿豆腐は水けをきり、食べやすく切る。
5. 土鍋にだし汁を温め、海老、蟹脚、3、4を入れて煮る。
6. 5の具は火が通ったら取り分け、ほたて貝柱、鯛はしゃぶしゃぶにしながら、1につけていただく。

〆のごはん　海鮮雑炊
具がなくなったら、ごはん(茶碗2杯分)をさっと洗って鍋に加え、酒、ポン酢しょうゆなどで味をととのえてから溶き卵2個分を回し入れて火を止めて蓋をする。

先に野菜と豆腐を煮て、魚介類にさっと火を通して。

まぐろのわさびみぞれ鍋

わさびの風味がピリリときいたさっぱり鍋。

材料（4人分）

まぐろ（赤身）	300g
まいたけ	1パック
白菜	1/4株
わけぎ	100g
大根	300g
生湯葉	150g
A ┌ だし汁	800ml
├ 酒	50ml
├ しょうゆ	50ml
├ みりん	50ml
└ 塩	小さじ1/2
わさび	小さじ1

作り方

1. まぐろは1cm厚さに切る。
2. まいたけはほぐし、白菜、わけぎはざく切りにする。
3. 大根はすりおろす。
4. 土鍋にAを温め、2を加える。火が通ってきたら1、生湯葉、3を加えてさっと煮る、仕上げにわさびをまぐろにのせていただく。

〆のごはん　煮うどん
わさびみぞれ鍋の残りのスープを煮立たせ、しょうゆで味をととのえ、うどんを入れて煮る。

COOKING TIME 20分

副菜アイデア
焼きねぎのマリネ →P129
生麩バター焼き →P137

PART 3　お正月の夜はやっぱり鍋！

かきと鶏肉のレモン鍋

レモンの風味でかきと鶏肉もあっさりおいしい！

材料（4人分）

- かき（むき身）……200g
- 鶏もも肉……300g
- しめじ……1パック
- 長ねぎ……1本
- ほうれん草……400g
- レモン（あれば国産のもの）……1個
- だし汁……800mℓ
- 塩……小さじ1½

COOKING TIME 30分

作り方

1. かきはよく洗い水けをきる。鶏もも肉はひと口大に切る。
2. しめじは石づきを切り落としてほぐし、長ねぎは1cm幅の斜め切り、ほうれん草は塩を加えたたっぷりの熱湯でゆでて水にさらし、水けを絞ってざく切りにする。
3. レモンは皮をむき、5mm幅の輪切りにする。
4. 土鍋にだし汁、塩を入れて温め、鶏肉、しめじ、長ねぎを煮る。火が通ってきたらかき、ほうれん草、3を加えてさっと煮、取り分けていただく。

レモンの皮はむく。

すべての材料を入れてからレモンをのせて。

副菜アイデア

大根と干し海老の中華風マリネ→P128
ピータンのネギ塩たれ→P133

〆のごはん

煮込みラーメン
残りのレモン鍋のスープを煮立たせ、ゆでたラーメンを加える。お好みで塩、しょうゆなどで味つけして。

白菜と豚肉の柚子こしょう鍋

とろとろ白菜と豚バラ肉、柚子こしょうの風味が絶妙!

材料 (4人分)

豚バラ薄切り肉	400g
白菜	⅓〜½株
柚子こしょう	小さじ2
塩	小さじ½
酒	100mℓ

COOKING TIME 30分

白菜の葉のすき間に豚肉をはさむように詰めて。

作り方

1. 白菜は鍋の深さに合わせてざく切りにし、鍋に詰める。
2. 豚肉は食べやすい大きさに切り、白菜の間に詰める。
3. 柚子こしょう、塩をボウルに入れ、酒を少しずつ加えながら溶き、鍋に回しかける。
4. 蓋をして強火にかけ、煮立ったら中火で15分ほど煮る。

〆のごはん　きしめん

柚子こしょう鍋の残りのスープを煮立たせ、きしめんを加えて。お好みで塩、しょうゆなどで味つけを。

副菜アイデア

ひじきのピクルス→P131
高野豆腐のチーズカレー焼き→P133

PART 3 お正月の夜はやっぱり鍋！

ぶりと長ねぎの蒸し鍋

長ねぎ、しょうが、せりをたっぷりのせていただきます。

作り方

1. ぶりは塩（分量外）をふっておき、水分が出てきたらふき取る。
2. 長ねぎは1cm幅の斜め切り、せりはざく切りにする。しょうがはせん切りにする。
3. 昆布は酒に浸して戻す。
4. 鍋に3を入れ、1を並べて2の長ねぎ、しょうがをのせる。塩をふって蓋をし、強火にかける。
5. 3分ほど蒸し煮にしたら、せりを加えて再び蓋をし、1分ほど蒸す。

〆のごはん **うどん**
蒸し汁を沸騰させ、ゆでうどんを入れてポン酢しょうゆで煮からめる。

4 ぶりの上に長ねぎ、せん切りしょうがをたっぷりのせる。

COOKING TIME 20分

材料（4人分）

ぶり（切り身）	4切れ
長ねぎ	2本
せり	100g
しょうが	20g
昆布（10cm長さ）	1枚
塩	小さじ½
酒	100㎖

副菜アイデア
カクテキ風漬物→P129
みそクリームチーズ→P131

訪問先で喜ばれる 持ちよりおせち

華やかで食べやすい！みんなが喜ぶごちそう。
手まりおにぎり

COOKING TIME 20分

材料（4人分）

温かいごはん ……… 茶碗4杯分（600g）
- A
  - 小鯛の笹漬け ……… 4枚
  - ブラックオリーブ（種なし）… 2個
  - 青じそ ……… 2枚
- B
  - 生ハム ……… 1枚
  - きゅうりのピクルス ……… 1個
  - 粗びき黒こしょう ……… 少々
- C
  - ボイル海老（お寿司用にひらいてあるもの）… 4枚
  - マヨネーズ ……… 小さじ1
  - 芽ねぎ ……… 適量

作り方

1. ごはんは12等分に分けて、手塩*をして丸く握る。
2. ブラックオリーブ、小鯛の笹漬け、半分に切った青じそをラップにのせ、1をのせてギュッと握る。
3. 生ハム、薄切りにしたピクルスをラップにのせ、1をのせてギュッと握る。ラップをはずして粗びき黒こしょうをふる。
4. ボイル海老をラップにのせ、1をのせてギュッと握る。ラップをはずしてマヨネーズを少し絞り出し、芽ねぎをのせる。

＊手塩…手にまぶした塩のこと。

お正月はお呼ばれする機会が増えますが、そんなとき、気のきいた料理を持ちよれたら素敵。子供たちが喜ぶ料理や、サラダ、おつまみなどがおすすめです。

持ちより idea
木箱やお重に並べて
手まりおにぎりは木箱や重箱に入れて蓋をして運んで。

116

PART 3 持ちよりおせち

持ちより idea

お菓子の空き箱を利用して

お菓子の空き箱にレースペーパーなどを敷き、カップサラダを並べます。持ち運びのときは、春巻きの皮が割れないように紙製のクッション材などですき間を埋めて。

春巻きの皮で作ったカップのサクサクした食感がおいしい。

カップサラダ

⏱ 20分

材料（4人分）

春巻きの皮	2枚
サラダ油	適量
むき海老	100g
アボカド	½個
レモンの搾り汁	小さじ1
ミニトマト	8個
ブラックオリーブ（種なし）	5個
グリーンカール	適量
塩	少々

作り方

1. 春巻きの皮は4等分に切り、刷毛で薄くサラダ油を塗り、アルミカップなどに敷き詰める。オーブントースターで2分焼く。オーブンなら210℃に予熱して2分加熱する。

2. むき海老は背ワタを取り除きゆでて1cm幅に切り、アボカドは1cm角に切ってレモンの搾り汁をまぶす。ミニトマトはヘタを取って縦¼に切り、ブラックオリーブは輪切りにする。

3. グリーンカールは水にさらしてシャキッとさせてから、水けをしっかりとふき取る。

4. 1に3をちぎって敷き、2をのせ、塩をふる。

持ちより idea

バスケットに ワックスペーパーを 敷いて

100円均一などで買ったバスケットに、ワックスペーパーを敷いて。ピックなどを刺すと華やかに。

子供のいる家庭に持ちよると喜ばれる一品です。

ライスコロッケ

COOKING TIME 20分

材料（4人分）

ごはん	茶碗2杯分(300g)
レトルトのミートソース	1食分
粉チーズ	大さじ1
冷凍ミックスベジタブル	大さじ3
塩・こしょう	各少々
小麦粉・溶き卵・パン粉	各適量
揚げ油	適量

作り方

1 温かいごはんにミートソース、粉チーズ、解凍したミックスベジタブルを加えて混ぜ合わせ、塩、こしょうをふり、混ぜる。

2 1をひと口大に丸め、小麦粉、溶き卵、パン粉の順に衣をまぶす。

3 170℃に熱した揚げ油で3～5分揚げる。

PART 3 持ちよりおせち

耐熱のバットに流し入れてオーブンで焼き上げるだけ！

オーブン卵焼き

COOKING TIME 25分

持ちより idea

ケーキ箱に入れて使い捨てOK

卵焼きなどたくさん持っていくときは、ケーキ箱がおすすめ。ワックスペーパーを敷いてから卵焼きを詰めて。

材料 (4人分)

ほうれん草	100g
生ハム	40g
A 卵	6個
生クリーム	100ml
カッテージチーズ	50g
塩・こしょう	各少々

作り方

1. ほうれん草は、塩少々を加えたたっぷりの熱湯でゆで、冷水にとって水けを絞り2cm幅に切る。
2. 生ハムは食べやすく手でちぎる。
3. Aをよく混ぜ合わせる。
4. 耐熱のバットにバター（分量外）を薄く塗り、3を流し入れ、1、2を散らす。
5. 200℃に予熱したオーブンで15分ほど焼く。
6. 冷めたらバットから取り出し、食べやすく切る。

赤ワインと一緒に持ちよると喜ばれる定番おつまみ。
豚肉のリエット

80分

材料（作りやすい分量）

豚バラかたまり肉	300g
サラダ油	小さじ1
A　にんにく	1片
ローリエ	1枚
セージ	6枚
白ワイン	50㎖
水	200㎖
バター	20g
塩	小さじ⅓
こしょう	少々
バゲット・クラッカーなど	各適量

作り方

1 豚肉はひと口大に切る。

2 鍋にサラダ油を熱し、1を焼く。焼き色がついたら、Aを加えて蓋をし、弱火で1時間ほど煮る。

3 豚肉がやわらかく煮えたらローリエを取り出し、水けをきる（ゆで汁は大さじ2を取っておく）。

4 フードプロセッサーに移し、ゆで汁、バター、塩、こしょうを加えて混ぜ合わせる。バゲットやクラッカーなどを添える。

持ちより idea

ココットに詰めて持ち運んで

ココットなどに詰めて持って行きましょう。最近は100円ショップでも売っているので、そのまま差し上げても。ラップで蓋をし、ペーパーなどをかぶせてリボンで留めます。

PART 3 持ちよりおせち

蟹を多めに入れた豪華な和風生春巻き。

蟹生春巻き

COOKING TIME 30分

材料（4人分）

蟹ほぐし身	160g
水	大さじ1
粉ゼラチン	3g
ポン酢しょうゆ	100ml
レタス	3枚
かいわれ大根	1/2パック
生春巻きの皮	8枚
青じそ	4枚

作り方

1 分量の水にゼラチンをふり入れてふやかす。ラップをかけて電子レンジで20秒加熱し、溶けたらポン酢しょうゆと合わせて冷やし固める。

2 レタスは細切りにし、かいわれ大根は根を切り落とす。

3 生春巻きの皮は水にくぐらせ、濡らした布巾にのせる。2、蟹ほぐし身を手前に置き、1を適量のせる。真ん中より奥側に半分に切った青じそをのせ、手前から包む。半分に切って盛りつける。

持ちより idea

ステンレスのお弁当箱が便利

生春巻きはお弁当箱の高さに合わせて切って詰めましょう。生春巻きやサラダを入れるなら、保冷効果のあるステンレスのお弁当箱がおすすめ。

1個ずつ個装できるから持ち運びもカンタン。

ケーク・サレ

50分

材料（18×9×6cmのパウンド型1台分）

スモークサーモン	6枚
グリーンアスパラガス	3本
ディル	4枝
A 薄力粉	120g
ベーキングパウダー	小さじ1
オリーブオイル	70㎖
卵	2個
牛乳	50㎖
カッテージチーズ	大さじ5

作り方

1. スモークサーモンは食べやすくちぎり、グリーンアスパラガスは筋やはかまを取り除いて斜め切りにする。ディルは1cm幅に刻む。

2. ボウルにAを入れて混ぜ合わせてから1を加えてさっくりと混ぜる。

3. パウンド型にオリーブオイル（分量外）を塗り、薄力粉（分量外）を軽くふっておく。2を流し入れ、3回ほど台にトントンと落として余分な空気を抜いて表面をならす。

4. 180℃に予熱したオーブンで30分焼く。粗熱がとれたら型からはずし、食べやすく切る。

持ちより idea

パラフィン紙やセロファンでラッピング

食べやすく切り、レースペーパーやパラフィン紙、透明セロハンなどと合わせてラッピングし、リボンやシールで留めるとかわいい。

PART 3

持ちよりおせち

バゲットやクラッカーにのせて。
タプナード

⏱ 5分

🌸 材料 (4人分)

A ┬ ブラックオリーブ(種なし) ······ 1カップ
　├ アンチョビ ························· 3枚
　├ ケイパー ························· 大さじ2
　├ にんにく ·························· 1片
　├ オリーブオイル ················ 大さじ3
　└ こしょう ··························· 少々
バゲット・クラッカーなど ············ 各適量

🌸 作り方

フードプロセッサーにAを入れて撹拌する。スライスしたバゲットやクラッカーを添える。

持ちよりidea
かわいいジャムの瓶などをとっておき、それに詰める。そのまま瓶は差し上げても。

⏱ 20分

持ちよりidea
バスケットにざっくりと盛りつけて
ロール海老パンは爪楊枝で刺して食べやすく。ワックスペーパーに包んで持ち運び、バスケットに盛りつけて。

小さくて食べやすいから、
パクパクいける！
ロール海老パン

🌸 材料 (4人分)

むき海老 ······························· 120g
A ┬ 長ねぎ ··························· 5cm
　├ しょうが ·························· 1片
　├ 片栗粉 ························ 小さじ2
　├ 酒 ···························· 小さじ1
　├ 塩 ···························· 小さじ⅓
　└ こしょう ··························· 少々
サンドイッチ用パン ···················· 4枚
揚げ油 ································· 適量

🌸 作り方

1 海老はあれば背ワタを取り除く。

2 1、Aを合わせてフードプロセッサーで撹拌する。

3 サンドイッチ用パンに2を¼量ずつ手前側にのせ、クルクルと巻き、爪楊枝で3～4カ所ほど留める。

4 170℃に熱した揚げ油で揚げる。網にあげ、油がきれたら食べやすく切る。

123

おもてなしやおつまみに！

作りおき サラダ＆マリネ

お正月料理は野菜が不足しがち。
だからこそ、サラダやマリネを
たっぷり作りおきしておきましょう。
おもてなしやおつまみとしても便利です。

作りおきサラダ&マリネ

ブルーチーズの独特の風味がクセになる！
ブルーチーズポテサラ

COOKING TIME 15分

STOCK 冷蔵●2〜3日

🌸 材料（4人分）

じゃがいも	小4個（400g）
ブルーチーズ	50g
A 塩	少々
こしょう	少々
オリーブオイル	大さじ1
白ワインビネガー	大さじ1

🌸 作り方

1. じゃがいもは半分に切ってペーパータオルを敷いた耐熱皿に並べてラップをかけ、電子レンジで5分加熱する。

2. 熱いうちに皮をむいて潰し、ブルーチーズを加えて混ぜ合わせ、Aで味をととのえる。

おもてなし idea

ワインのおつまみに最適。バゲットにのせて
ブルーチーズのポテトサラダは、バゲットやクラッカーにのせたり、生ハムなどを添えても。サンドイッチにしてもいい。

Point

1 切った断面を下にして並べてレンジ加熱するのがポイント。

2 ブルーチーズは青カビのチーズ。種類によって塩分が違うので塩加減して。

βカロテンいっぱいのにんじんを使ったおもてなしサラダ！

にんじんサラダ

15分
STOCK 冷蔵●3〜4日

材料（4人分）

にんじん	2本
にんにく	1片
玉ねぎ	½個
くるみ	50g
ディル	4枝
A ┬ オリーブ油	大さじ1
├ 塩	小さじ½
├ こしょう	少々
├ 白ワインビネガー	小さじ2
└ 粒マスタード	小さじ1

作り方

1. にんじんは細切り、にんにく、玉ねぎはみじん切りにする。耐熱ボウルに入れてラップをかけ、電子レンジで5分加熱する。

2. くるみは粗めに砕き、フライパンで炒る。ディルは刻む。

3. 1に2、Aを加えてあえる。

Point
にんじん、にんにく、玉ねぎはまとめてレンジ加熱でしんなりと。

おもてなし idea

野菜不足のお正月にはたっぷり作りおきして

野菜不足になりがちなお正月は、βカロテンが豊富なにんじんサラダの作りおきを。副菜として、またワインのおつまみとしても。

PART 3 作りおきサラダ&マリネ

スモークサーモンをプラスしてちょっと豪華に。

マカロニサラダ

COOKING TIME **20分**

STOCK 冷蔵●2〜3日

材料（4人分）

マカロニ	100g
オリーブオイル	大さじ1
玉ねぎ	1個
ズッキーニ	1本
スモークサーモン	6枚
ゆで卵	3個
A マヨネーズ	大さじ2
塩	少々
こしょう	少々
レモンの搾り汁	小さじ1
チリパウダー	適宜

作り方

1. マカロニは表示より1分ほど短めにゆで、冷水にとってから水をきり、オリーブオイルをまぶしておく。
2. 玉ねぎは薄切り、ズッキーニは薄い半月切りにし、塩をふって軽くもみ、水分が出てきたら絞る。
3. スモークサーモンは食べやすい大きさに切り、ゆで卵は食べやすく崩す。
4. 1、2、3をAであえる。皿に盛り、お好みでチリパウダーをふる。

Point ゆでマカロニはオリーブオイルをまぶしておくとくっつかない。

おもてなし Idea

彩り鮮やかなマカロニサラダで華やかに

彩り鮮やかなサラダは、お正月のテーブルを華やかに。ごちそう料理の中にいつものマカロニサラダの味は安心します。

127

干し海老と八角でいつものサラダを中華風に。

大根と干し海老の中華風マリネ

15分 (干し海老を戻す時間は除く)
STOCK 冷蔵●3〜4日

材料(4人分)

大根	400g
大根の葉	50g
塩	少々
干し海老	20g
しょうが	20g
A ┬ 酢	大さじ2
├ サラダ油	大さじ2
├ 薄口しょうゆ	小さじ1
├ 白炒りごま	小さじ2
├ 砂糖	小さじ2
└ 八角	1個

おもてなしidea
なますや菊花かぶ、酢れんこんの代わりに。煮豚などの中華おせちに添えて。

作り方

1. 大根は細切りにし、葉は小口切りにする。塩をふって軽くもみ、水分が出てきたら絞る。
2. 干し海老はぬるま湯に浸して戻し、水けをきる。しょうがはせん切りにする。
3. 1、2をAであえる。

Point
干し海老はぬるま湯に30分ほどつけて。2倍になったら戻った目安。

和風のおせちにもよく合うピクルス

和風ピクルスサラダ

15分 (漬ける時間は除く)
STOCK 冷蔵●5日ほど

材料(4人分)

かぶ	2個
カリフラワー	150g
セロリ	1本
にんじん	1/2本
昆布(5cm角)	1枚
A ┬ 酢	200ml
├ 薄口しょうゆ	小さじ2
├ 砂糖	大さじ6
├ 塩	小さじ2/3
└ 柚子の搾り汁	小さじ2
かつお節	適量

おもてなしidea
ピクルスは漬けてから1日ぐらいが食べ頃。ごちそう料理に合わせて。

作り方

1. かぶは茎を少し残し、皮をむいて6等分のくし形に切り、カリフラワーは1.5cm厚さに切る。セロリ、にんじんは4cm長さの拍子木切りにする。
2. 1、昆布を保存容器などに入れ、合わせたAを注ぎ、落としラップをして蓋をし、1日ほど漬ける。
3. 汁けをきって器に盛り、かつお節をのせる。

Point
合わせ調味料を注いだ後、ラップをぴったりと材料にかぶせ、まんべんなく漬けるのがコツ。

128

PART 3 作りおきサラダ&マリネ

焼きねぎのマリネ

長ねぎの甘みが十分に引き出されておいしい

COOKING TIME **15分**（冷蔵庫で冷やす時間は除く）
STOCK 冷蔵●3〜4日

材料（4人分）

長ねぎ	3本
オリーブオイル	大さじ1
レモンスライス	½個分
白ワイン	大さじ3
塩	小さじ⅓
こしょう	少々

おもてなし idea 
焼きねぎはレモンと一緒に保存を。生ハムと一緒に合わせてお出しして。

作り方

1. 長ねぎは5cm幅に切る。
2. フライパンにオリーブオイルを熱し、1を焼く。ときどき転がしながらこんがりと焼いたらレモンスライス、白ワイン、塩、こしょうを加えて蓋をし、2分ほど蒸す。
3. 火を止めてそのまま冷めるまでおき、保存容器に移して冷蔵庫で冷やす。

Point 
長ねぎをじっくり焼いたらレモンスライスと白ワインを加えて蒸し煮に。

カクテキ風漬物

韓国風ピリ辛味が食欲をそそります。

COOKING TIME **20分**（漬ける時間は除く）
STOCK 冷蔵●3〜4日

材料（4人分）

大根	500g
塩	小さじ½
A しょうゆ	大さじ3
みりん	大さじ1
酢	大さじ1
砂糖	小さじ1
昆布（5cm角）	1枚
七味唐辛子	小さじ2

おもてなし idea 
副菜のほか、日本酒や焼酎のおつまみに。韓国のりやナムルと一緒に。

作り方

1. 大根は皮をむき、2cmの角切りにし、塩をふって軽くもみ、水分が出てきたら絞る。
2. 1、Aをポリ袋に入れて軽くもみ、冷蔵庫で1日ほどおく。

Point 
七味唐辛子の代わりに韓国風唐辛子を使えば、さらに本格的な味に。

日本酒にあう おつまみ

塩辛、うにの塩漬けなどの珍味やみそ、しょうゆ味のおつまみを紹介します。日本酒の相性マークでおいしくいただいて。

おすすめ日本酒
辛口大吟醸

おすすめ日本酒
純米酒

お酒の種類別！簡単おつまみ

おせちで余った食材を上手に使って、おいしいおつまみを作りましょう。日本酒、焼酎、ワイン、ビール、カクテルそれぞれにあうおつまみをご提案します。

塩辛とクリームチーズの相性は抜群！
塩辛クリームチーズ

COOKING TIME 3分

材料（4人分）

クリームチーズ	100g
いかの塩辛	30g

作り方

1. クリームチーズは1cm角に切る。
2. 器に盛り、いかの塩辛をのせる。

いかの塩辛は口の中に旨味が残り、日本酒の味を引き締める。

かまぼこにうにをのせて豪華に！
かまぼこのうに焼き

COOKING TIME 5分

材料（4人分）

かまぼこ	好きなだけ
うにの塩漬け	適量

作り方

1. 1cm厚さに切ったかまぼこにうにの塩漬けをのせる。
2. オーブントースターで3分ほど焼く。

Point

うにの塩漬けは濃厚な味わい。日本酒にぴったり。

PART 3 簡単おつまみ

おすすめ日本酒　本醸造酒

しらたきと明太子を炒めたヘルシーおつまみ。
しらたきの明太子炒め
⏱10分

材料（2～4人分）
- しらたき……200g
- 明太子……30g
- ごま油……小さじ1
- しょうゆ……小さじ½
- 塩……少々

作り方
1. しらたきはざく切りにし、熱湯で2分ほどゆで、水けをきる。
2. 明太子は薄皮を取り除く。
3. フライパンを熱して1を炒る。水分が飛んでプリッとしてきたらごま油、2を加えて炒め合わせる。全体がなじんだらしょうゆ、塩を加えて味をととのえる。

おすすめ日本酒　純米酒

いろいろな生野菜のディップに。
みそクリームチーズ
⏱15分

材料（4人分）
- クリームチーズ……60g
- みそ……大さじ2
- チコリ・大根など……各適量

作り方
1. クリームチーズは室温に戻してやわらかくし、みそと混ぜ合わせる。
2. お好みの野菜を食べやすく切る（チコリは1枚ずつはがし、大根は拍子木切りにする）。
3. 2に1をつけていただく。

おすすめ日本酒　純米酒

たけのこにバターしょうゆの風味がよく合います。
たけのこのバターホイル焼き
⏱10分

材料（2～4人分）
- たけのこ水煮……150g
- バター……10g
- しょうゆ……小さじ½

作り方
1. ゆでたけのこは穂先はくし形、根元のほうは1cm厚さのいちょう切りにする。
2. アルミホイルに1、バターをのせ、しょうゆを少々かけて包む。
3. オーブントースターなどで7分ほど焼く。

おすすめ日本酒　辛口大吟醸

鉄分豊富なひじきの酢漬けは日本酒のお供に。
ひじきのピクルス
⏱10分

材料（4人分）
- ひじき（乾）……15g
- A ┬ 水・酢……各50ml
- 　├ 砂糖……大さじ1
- 　├ 塩……小さじ½
- 　└ 赤唐辛子（種を取る）……1本

作り方
1. ひじきは水に浸して戻し、熱湯でさっとゆでてから水けを絞る。
2. 合わせてひと煮立ちさせたAに1を漬ける。1時間ほどおいてからが食べ頃。

131

焼酎にあうおつまみ

麦、米、芋と種類の豊富な焼酎によくあうおつまみいろいろ。和風の味つけはもちろん、チーズも焼酎によくあいます。和風の味と組み合わせてオツな味に。

おすすめ焼酎
麦・米・黒糖焼酎

おすすめ焼酎
麦・米焼酎

ほろ苦い春菊がおいしい韓国風おつまみ。
のりと春菊のジョン
⏱ 10分

材料（2〜4人分）
春菊の葉	12枚分
小麦粉	小さじ½
韓国のり	12枚
A ┬ 溶き卵	1個分
└ 小麦粉	大さじ1
ごま油	小さじ2
しょうゆ・豆板醤	各適量

作り方
1. 春菊の葉はボウルに入れ、小麦粉を加えてさっと混ぜる。
2. 1を韓国のりで挟む。
3. 合わせたAにくぐらせ、ごま油を熱したフライパンで焼く。
4. しょうゆ、豆板醤をつけていただく。

Point 小麦粉をまぶした春菊の葉を韓国のりで挟んで。

梅風味がさわやかで焼酎との相性も◎。
青菜の梅あえ
⏱ 10分

材料（2〜4人分）
青菜（水菜、春菊、小松菜など）	200g
梅干し	2個
A ┬ しょうゆ	小さじ½
├ みりん	小さじ½
└ かつお節	3g

作り方
1. 青菜は塩ゆでし、水けを絞ってざく切りする。
2. 梅干しは種を取り除いて包丁でたたき、Aと合わせる。
3. ボウルに1を入れ、2を加えてあえる。

Point 青菜は水菜の他、春菊、小松菜、ほうれん草などなんでもOK。

PART 3 簡単おつまみ

おすすめ焼酎
麦・芋焼酎／泡盛

長ねぎとにんにくで旨味たっぷり
ピータンのねぎ塩たれ
COOKING TIME 5分

材料 (2～4人分)
長ねぎ……………5cm
にんにく…………½片
ピータン…………2個
A ┌ ごま油……大さじ½
　├ 白炒りごま…小さじ½
　└ 塩・こしょう…各少々

作り方
1. 長ねぎ、にんにくはみじん切りにし、Aを加えて混ぜ合わせる。
2. ピータンは1個を4等分に切って器に盛りつけ、1をかける。

おすすめ焼酎
麦・米・芋焼酎

チーズと釜揚げしらすの組み合わせが絶妙！
餃子の皮でミニピザ風
COOKING TIME 10分

材料 (2～4人分)
餃子の皮……………8枚
釜揚げしらす………40g
万能ねぎ(小口切り)…20g
ピザ用チーズ………40g
チリパウダー・オリーブオイル
……………………各適量

作り方
1. 餃子の皮に釜揚げしらす、万能ねぎ、チーズ、チリパウダーをのせ、オリーブオイル少々をかける。
2. オーブントースターで4～5分ほど、または200℃に予熱したオーブンで4～5分焼く。

おすすめ焼酎
麦・黒糖焼酎／泡盛

もちもちとした食感とスパイシーな味！
高野豆腐のチーズカレー焼き
COOKING TIME 10分
(戻す時間は除く)

材料 (2～4人分)
高野豆腐……………2枚
A ┌ 小麦粉……大さじ1
　├ カレー粉…小さじ½
　├ 粉チーズ…小さじ1
　├ 塩…………小さじ⅓
　└ こしょう…少々
サラダ油……………適量

作り方
1. 高野豆腐は水に浸して戻し、よく絞り洗いをしてから水けを絞り、1個を4等分に切る。
2. 1に合わせたAをまぶす。
3. フライパンにサラダ油大さじ1を熱し、2を焼く。途中、油が少なくなってきたら少しずつ足しながら両面をカリッと焼き上げる。

おすすめ焼酎
麦・米・芋焼酎

缶詰のまま焼いちゃう！かんたんおつまみ
さんまの蒲焼チーズ焼き
COOKING TIME 10分

材料 (2～4人分)
さんまの蒲焼缶………1缶
ピザ用チーズ…………15g
パプリカパウダー……適宜

作り方
1. さんまの蒲焼にチーズをのせる。
2. オーブントースターで7分ほど焼く。お好みでパプリカパウダーをふる。

Point 焼き上がってトースターから取り出すときは布巾などを使ってやけどに注意。

ワインにあうおつまみ

赤ワイン、白ワイン、スパークリングワインなどにあうおつまみも簡単に作りましょう。余りがちなオリーブやオイルサーディン、アンチョビなどを上手に使って。

🍷 おすすめワイン
赤（ライト〜ミディアム）／
白（辛口〜ミディアム）／
スパークリング

🍷 おすすめワイン
赤（ライト〜ミディアム）／
白（辛口〜ミディアム）／
スパークリング

余りがちなオリーブはカリッと揚げて。
オリーブのフライ
⏱ 10分

🌸 材料（4人分）
オリーブ（種なし）…24粒	B ┬ トマトケチャップ
A ┬ 小麦粉…大さじ1½	│　　……………大さじ1
│　牛乳………大さじ1	│　タバスコ………少々
└　溶き卵………½個分	└　レモンの搾り汁
パン粉……………適量	……………小さじ1
揚げ油……………適量	

🌸 作り方
1. オリーブは合わせたA、パン粉の順に衣をまぶす。
2. 1を170℃に熱した揚げ油で揚げる。
3. 器に盛り、お好みで合わせたBにつけていただく。

memo ブラックオリーブでもグリーンオリーブでもOK。

レーズンバターを手作りでおもてなしを。
レーズンバターと生ハムとりんご
⏱ 30分（冷蔵庫で冷やす時間は除く）

🌸 材料（作りやすい分量）
レーズン…………40g	りんご……………½個
ラム酒………大さじ2	生ハム・チャービルなど
バター……………100g	……………各適量
砂糖…………小さじ1	

🌸 作り方
1. レーズンはラム酒に浸し、やわらかく戻す。
2. バターは室温に戻す。汁けをきった1、砂糖を加えて混ぜ合わせ、ラップで棒状に包んで、冷蔵庫で半日ほど冷やしておく。
3. りんごは薄切りにし、塩水に浸してから水けをきる。
4. 器（またはカッティングボード）に3を並べて輪切りにした2をのせる。生ハムを添える。

Point
レーズンバターをラップで包んだら、ヘラで形をととのえて。

PART 3 おつまみ

おすすめワイン 白(辛口〜ミディアム)/スパークリング

煮物作りで残った根菜を使ってワインのお供に!
根菜のアヒージョ
⏱ 15分

材料 (2〜4人分)
- れんこん・ごぼう……各80g
- にんにく……1片
- 赤唐辛子(種を取る)……1本
- 塩……小さじ½
- オリーブオイル……適量

作り方
1. れんこん、ごぼうは乱切りにする。にんにくは半分に切る。
2. フライパン(または直火OKの器)に1、赤唐辛子を入れ、塩をふってオリーブオイルをひたひたまで注ぐ。
3. 中火にかけ、フツフツと煮立ってから8分ほど煮、火を止める。

おすすめワイン 白(辛口〜ミディアム)/スパークリング

マヨネーズ、パン粉をのせて焼くだけだからカンタン♪
オイルサーディンパン粉焼き
⏱ 10分

材料 (2〜4人分)
- オイルサーディン……1缶
- パン粉……大さじ2
- マヨネーズ……小さじ1

作り方
1. オイルサーディンは油をきる。きった油はパン粉と混ぜ合わせる。
2. オイルサーディンの上にマヨネーズを塗り広げ、パン粉をのせて広げる。
3. オーブントースターで5分ほど焼く。

おすすめワイン 白(辛口〜ミディアム)/スパークリング

ゆでたてのひよこ豆をチーズとあわせて!
アツアツひよこ豆のチーズがけ
⏱ 30分(ひよこ豆を戻す時間は除く)

材料 (2〜4人分)
- ひよこ豆……50g
- A ┌ 塩・粗びき黒こしょう……各少々
  │ オリーブオイル……小さじ2
  └ クミンパウダー……少々
- パルメザンチーズ……大さじ1

作り方
1. ひよこ豆はたっぷりの水に浸して半日ほどおく。
2. 水ごと鍋に移し、中火にかけて沸騰したら弱火にし、30分ほどゆでる。やわらかくなったらザルにあげ、水けをきる。
3. 熱いうちに器に盛り、Aをふり、パルメザンチーズを散らす。

おすすめワイン 赤(ライト〜ミディアム)/白(辛口〜ミディアム)/スパークリング

アンチョビの塩けと旨味がブに合う!
アンチョビチーズ焼き
⏱ 5分

材料 (2〜4人分)
- カマンベールチーズ……1個
- アンチョビ……1枚

作り方
1. カマンベールチーズは半分の厚さに切ってから6等分に切る。
2. アンチョビは5mm幅程度に切り、1にのせる。
3. オーブントースターで1分ほど焼く。

135

ビール・カクテルにあう おつまみ

ビールやカクテルには、サクサクとしたスナック感覚のおつまみがよくあいます。簡単だけど、ちょっとひと手間かけたおつまみを紹介します。

おすすめビール＆カクテル
ビール／トニック系カクテル／ハイボール

おすすめビール＆カクテル
ビール／黒ビール／ワイン系カクテル／ハイボール

冷凍のグリーンピースでサクサクスナック！

揚げ焼きグリーンピース

⏱ 5分（グリーンピースの解凍時間は除く）

材料（2〜4人分）

グリーンピース（冷凍）	100g
片栗粉	大さじ1
オリーブオイル	大さじ2
塩	小さじ1/4
こしょう	少々

作り方

1. グリーンピースは解凍し、水けをよくふき取る。
2. 1に片栗粉をまぶす。
3. フライパンにオリーブオイル熱し、2を入れ、ときどき転がしながら揚げ焼きにする。
4. 余分な油をきり、塩、こしょうをふる。

ソーセージに春巻きの皮を巻いてパリパリに！

揚げソーセージ

⏱ 10分

材料（4人分）

ソーセージ（あればチョリソーなどでも）	8本
春巻きの皮	2枚
A― 小麦粉・水	各小さじ1
揚げ油	適量

作り方

1. ソーセージの幅に合わせて春巻きの皮を切り、巻きつける。端は合わせたAを塗って留める。
2. 170℃に熱した揚げ油でカラリと揚げる。

Point

春巻きの皮の手前に水溶き小麦粉をつけて。

PART 3 簡単おつまみ

おすすめビール&カクテル　ビール/ワイン系カクテル

おすすめビール&カクテル　黒ビール/フルーツ系カクテル

焼くことでトマトの甘味がギュッと凝縮です。
ミニトマトのトースター焼き
⏱ 10分

材料（2〜4人分）
- ミニトマト……………適量
- オリーブオイル…大さじ2
- 塩……………………小さじ1/3
- こしょう……………少々

作り方
1. ミニトマトはヘタを取り除き、耐熱皿に並べる。
2. オリーブオイルを回しかけ、塩、こしょうをふる。
3. オーブントースターで7分ほど焼く。

アンチョビとゆでじゃがいもをカリッと焼いて。
アンチョビポテト
⏱ 15分

材料（2〜4人分）
- じゃがいも……………2個
- オリーブオイル…大さじ2
- バター…………………10g
- にんにく………………1片
- アンチョビ……………2枚
- 塩・こしょう………各少々

作り方
1. じゃがいもは皮つきのままひと口大に切る。ラップで包んで電子レンジで3分ほど加熱する。フライパンにオリーブオイル、バター、半分に切ったにんにくを熱し、香りが出てきたらじゃがいもを加えて焼く。
2. 全体に焼き色がついたら、刻んだアンチョビ、塩、こしょうを加えて炒め合わせ、味をととのえる。

おすすめビール&カクテル　ビール/黒ビール/ハイボール

おすすめビール&カクテル　ビール/ハイボール

余りがちなごぼうを使ったサクサクから揚げ。
ごぼうの唐揚げ
⏱ 20分（漬ける時間は除く）

材料（2〜4人分）
- ごぼう…………………1本
- A ┌ しょうゆ・みりん
　　└ ……………各大さじ1
- 片栗粉………………大さじ2
- 揚げ油…………………適量
- 塩……………………少々

作り方
1. ごぼうは皮をこそげ取り、10cm長さに切ってから太い部分は4つ割りに、細い部分は半分に切る。水にさらしてアクを抜く。
2. 1の水けをふき取り、合わせたAに30分ほど漬ける。
3. 汁けをきり、片栗粉をまぶして170℃に熱した揚げ油で揚げ、仕上げに塩をふる。

もちもちした食感とバター風味がビールにあう！
生麩バター焼き
⏱ 5分

材料（2〜4人分）
- 生麩……………………120g
- バター…………………10g
- 塩・こしょう………各少々
- しょうゆ……………小さじ1/2

作り方
1. 生麩は食べやすく切る。
2. フライパンにバターを溶かし、1を焼く。
3. 両面をこんがりと焼いたら塩、こしょうをふり、しょうゆを回し入れる。

簡単カクテルレシピ

意外な組み合わせ！

日本酒や焼酎、ビールやワインもいいけれど、たまには目先を変えたカクテルはいかがですか？
お酒の弱い人にもおすすめです。

ワイン系カクテル

そのまま飲むのは苦手という人はジュースや梅酒で割ってみましょう。

はちみつでまろやか。シナモンでスパイシー。
白ワイン + トマトジュース + はちみつ

■ 材料と作り方
はちみつ小さじ1、シナモンスティック1本をグラスに入れ、トマトジュースと白ワインを2：5の割合で注ぎ、よく混ぜてからいただく。

One point Advice
トマトジュースは無塩タイプがおすすめ。はちみつで甘味を調節。

梅酒のほのかな甘さがクセになる味。
梅酒ワイン

■ 材料と作り方
氷を入れたグラスに、梅酒、赤ワインを1：3の割合で注ぐ。

One point Advice
梅酒が好きな人は、割合を反対にしても。

ビール系カクテル

ビールが好きな人も苦手な人も、チャレンジしてみてほしいビール系カクテル。苦手な人は甘めのジュースで割るとおいしい。

ビールの苦みが中和され、飲みやすい一杯に。
ビール + フルーツジュース

■ 材料と作り方
フルーツジュースとビールと1：3の割合でグラスに注ぐ。おすすめのジュースはパイナップルやマンゴー。

One point Advice
ビールが苦手な人は、フルーツジュースの量を増やして調節を。

一度やってみたかった黒ビールとのかけ合わせ！
ビール + ビール

■ 材料と作り方
淡い色のビールと濃い色のビールを1：1の割合でグラスに注ぐ。

One point Advice
黒ビールが苦手な人は、淡い色のビールをかけ合わせれば飲みやすくなります。

column

簡単カクテルレシピ

焼酎系カクテル

カクテルには、米焼酎や麦焼酎がおすすめ。
意外な組み合わせを試してみて。おもてなしにも喜ばれます。

女性が喜ぶ甘めの焼酎カクテル。

柚子茶＋焼酎

■ 材料と作り方

氷を入れたグラスに柚子茶大さじ1、焼酎150mlを注いでよく混ぜ合わせる。

One point Advice

柚子茶を加えたら、よくかき混ぜるのがポイント。

カルアミルク風の焼酎カクテルです。

コーヒー焼酎

■ 材料と作り方

氷を入れたグラスにコーヒーと牛乳と焼酎を1：1：2の割合で注ぐ。

One point Advice

ちょっと甘いのが好きな人は、牛乳やコンデンスミルクを加えても。

マッコリ系カクテル

まろやかマッコリにジンジャーのスパイスを。
炭酸ジュースがよくあいます。

お好みで氷を入れて。しょうがのすりおろしを加えても。

マッコリジンジャー

■ 材料と作り方

氷を入れたグラスにマッコリとジンジャーエールを1：1の割合で注ぐ。

One point Advice

マッコリは炭酸ジュースで割ると飲みやすくなるからおすすめ！

日本酒系カクテル

日本酒が苦手という女性も多いから、
ちょっと飲みやすくアレンジ。

意外な組み合わせですが、とても合うんです。

日本酒レモンティー

■ 材料と作り方

日本酒と紅茶を1：1の割合で合わせ、スライスレモンを入れる。

One point Advice

レモンティーと日本酒は冷やしてから混ぜたり、熱燗と温かいレモンティーを合わせても◎。

ささっとできる 〆のごはん&麺

たくさんのおせちと豪華なごちそう、お酒をたしなんだ後に食べたい〆のごはん&麺料理。ささっと作れる料理を紹介します。

焼きおにぎり

しょうゆの焼き目の香ばしさを味わって。

バターで焼くから風味がおいしい！

⏱ 10分

材料（2人分）

温かいごはん	茶碗2杯分(300g)
塩・しょうゆ	各少々
バター	10g
七味唐辛子	適宜

作り方

1. ごはんは4等分に分け、手塩をしておにぎりにする（三角でも丸型でも）。ハケでしょうゆを塗る。
2. バターを熱したフライパンで1を両面こんがりと焼く。お好みで七味唐辛子をふってもいい。

春菊混ぜごはん

春菊の独特の香りと食感も楽しい混ぜごはん。

桜海老と揚げ玉でコクをアップ！

⏱ 10分

材料（2人分）

春菊	50g
桜海老	5g
揚げ玉	大さじ2
かつお節	3g
めんつゆ（3倍濃縮タイプ）	小さじ1
温かいごはん	茶碗2杯分

作り方

1. 春菊は塩ゆでし、細かく刻む。
2. 1、桜海老、揚げ玉、かつお節、めんつゆを混ぜ合わせてから、温かいごはんに加えてさっくり混ぜ合わせる。

じゃこ豆腐丼

ごはんに豆腐をのっけたヘルシーなどんぶり。

カリカリじゃこと青じそが味のアクセント。

⏱ 10分

材料（2人分）

木綿豆腐	100g
青じそ	3枚
ごま油	大さじ2
ちりめんじゃこ	20g
温かいごはん	茶碗2杯分(300g)
しょうゆ	小さじ1

作り方

1. 木綿豆腐は水きりをし、食べやすく崩す。青じそはせん切りにする。
2. フライパンにごま油を熱し、ちりめんじゃこをカリカリになるまで炒める。
3. 茶碗にごはんを盛り、豆腐、2、青じそをのせる。しょうゆをかけていただく。

column 〆のごはん&麺

焼きみそ茶漬け

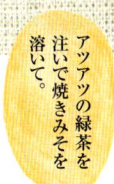

アツアツの緑茶を注いで焼きみそを溶いて。

焼きみそはまとめて作っておくと便利。

⏱ 10分

材料（2人分）

長ねぎ	5cm
しょうが	1片
みそ	大さじ1
白炒りごま	小さじ½
ごはん	茶碗2杯分
緑茶	400mℓ

作り方

1. 焼きみそを作る。長ねぎ、しょうがはみじん切りにする。
2. 1、みそ、白炒りごまを混ぜ合わせ、アルミホイルに塗り広げ、トースターなどで焼く。
3. ごはんを器に盛り、香ばしく焼けた2をのせ、熱い緑茶を注ぐ。

おろしあんかけうどん

胃にやさしいとろとろうどんです。

大根おろしをたっぷりのせてさっぱりと。

⏱ 15分

材料（2人分）

大根	200g
うどん	2玉
A　だし汁	600mℓ
しょうゆ	大さじ1
みりん	大さじ1½
塩	小さじ½
卵	1個
水溶き片栗粉	
（片栗粉小さじ1：水小さじ2）	
三つ葉	適量

作り方

1. 大根はすりおろし、軽く汁けをきる。うどんはゆでて水けをきる。
2. 鍋にAを温め、溶いた卵を回し入れてから、水溶き片栗粉でとろみをつける。
3. 器に1を盛り、2をかける。ざく切りにした三つ葉をのせる。

ねぎわさび焼きそば

わさびのピリ辛風味が食欲をそそります。

具は長ねぎだけがシンプルでおいしい！

⏱ 10分

材料（2人分）

長ねぎ	½本
サラダ油	小さじ2
焼きそば用蒸し麺	2玉
A　顆粒鶏ガラスープの素	小さじ½
水	100mℓ
わさび	小さじ1
塩	小さじ½
こしょう	少々

作り方

1. 長ねぎは四つ割りにしてから、3cm幅に切る。
2. フライパンにサラダ油を熱し、1を炒める。しんなりとしてきたら麺、Aを注いで蓋をし、2分ほど蒸す。
3. 麺をほぐしながら炒め合わせ、わさび、塩、こしょうで味つけする。

簡単おやつ

カロリーなんて気にしない！

いつもはカロリーを気にしている人も、お正月は特別！
カロリーを気にせず、おいしいデザートを作りましょう。おもてなしにもぴったり。

> オレンジの他にバナナ、りんごでもOK。

ビタミンたっぷりのフルーツを添えて。
フルーツたっぷりクレープ

⏱ 20分

🌸 材料（2人分）

- A ┬ 薄力粉……………1カップ
  └ 砂糖………………大さじ1
- B ┬ 牛乳………………1カップ
  └ 卵…………………1個
- サラダ油……………………適量
- お好みのフルーツ
  （バナナ、りんご、オレンジなど）…100g
- C ┬ バター………………20g
  └ 砂糖………………大さじ1

🌸 作り方

1. ボウルにAを入れ、Bを加えて混ぜ合わせる。
2. フライパンにサラダ油を薄くのばして熱し、1をお玉1杯程度流し入れて焼く。焼き色がついてきたら裏返し、さっと焼く。約6枚焼き、器に盛りつけておく。
3. フライパンにCを熱し、フツフツしてきたら食べやすく切ったフルーツを加えて絡め、2にのせる。

スパイスを効かせていつもと一風変わったパンケーキに。
スパイスパンケーキ

⏱ 15分

> ほんのり効いた数種類のスパイスが◎

🌸 材料（2人分）

- A ┬ 薄力粉……………1カップ
  │ ベーキングパウダー…小さじ1
  │ シナモン・カルダモン・
  │ クローブ・ジンジャー
  └ ………………各小さじ¼
- 牛乳……………………100㎖
- 卵………………………1個
- 砂糖……………………小さじ2
- サラダ油………………小さじ1
- バター…………………20g
- はちみつ………………大さじ2

🌸 作り方

1. Aは合わせてふるっておく。
2. 1に牛乳、卵、砂糖を加えて混ぜ合わせる。
3. フライパンにサラダ油を熱し、2を流し入れて弱火で焼く。表面に空気の穴ができて少し乾いたようになり、底面に焼き色がついたら裏返し、さらに焼き色がつくまで焼く。
4. 器に盛り、バターをのせてはちみつをかける。

カリカリの食感がクセになる大人のおやつ。
キャラメルナッツ

⏱ 10分

> 自分でキャラメルを作ってナッツを絡めて。

🌸 材料（2人分）

- くるみ、アーモンドなど
  お好みのナッツ……………100g
- A ┬ グラニュー糖………………50g
  │ 水……………………大さじ1
  └ バター………………10g

Point　グラニュー糖、水、バターを炒めていると、砂糖が結晶化してくるが、そのまま炒め続けているとキャラメル色になる。

🌸 作り方

1. ナッツはフライパンで炒り、取り出しておく。
2. フライパンにAを入れ、強火にかける。あまりいじらずにグラニュー糖が溶けてとろみがついてきたら1を加える。
3. そのまま炒めて、まんべんなくキャラメル色になったらバターを加えて絡め、オーブンシートに広げて冷ます。

おせち作りの いろは & 年末年始の マナー

実際におせち作りに取り掛かる前に、
ざっと流れや由来を知っておくと、
気持ちにゆとりができます。
また、お正月の行事にともなうマナーについても
この機会にぜひチェックしておきましょう。

段取りがわかる！おせち作りカレンダー

実際、おせちを作ろうと思っても、いつ、どのタイミングで作ればいいのかわからない人も多いのでは？
保存方法や期間も把握して計画的におせち作りを進めましょう。

錦卵	たたきごぼう	昆布巻き	伊達巻き	栗きんとん	数の子	田作り	黒豆	
		買い物		買い物 栗の甘露煮	買い物	買い物	買い物	12/26
								27
						作る		28
買い物	買い物			買い物 さつまいも		↓	黒豆を水に浸す	29
作る	作る	昆布を戻す	買い物	作る	朝 塩抜きする 夜 調味液につける	↓	煮て仕上げる	30
盛りつけ	盛りつけ	作る 盛りつけ	作る 盛りつけ	盛りつけ	盛りつけ	盛りつけ	盛りつけ	31
足りなくなったらその都度盛りつける								1/1
保存容器に入れて冷蔵保存	保存容器に入れて冷蔵保存	保存容器に入れて冷蔵保存	保存容器に入れて冷蔵保存	保存容器に入れて冷蔵保存	保存容器に入れて冷蔵保存	保存容器に入れて冷蔵&冷凍保存	保存容器に入れて冷蔵&冷凍保存	保存方法
冷蔵 約1週間	冷蔵 約1週間	冷蔵 約1週間	冷蔵 約3〜4日	冷蔵 約1週間	冷蔵 約1週間	冷蔵 約2週間 冷凍 約1カ月	冷蔵 約1週間 冷凍 約1カ月	保存期間

おせち料理の保存のこと

おせち料理は、粗熱をとってから保存容器に入れて蓋をして冷蔵庫に保存が基本。冷蔵庫の中をスッキリ保つために、同じ幅、大きさの保存容器を揃えましょう。側面にはラベルを貼るとわかりやすくなります。

かまぼこ	牛肉八幡巻き	海老のうま煮	松風焼き	ぶりの照り焼き	さわらの西京焼き	鮭の幽庵焼き	紅白なます	酢れんこん＆菊花かぶ	煮しめ＆炒り鶏
	買い物 ごぼう ↓						買い物 ↓	買い物 ↓	買い物 根菜類 ↓
	買い物 牛肉 ↓	買い物 ↓	買い物 ↓	買い物 ↓	買い物 ↓	買い物 ↓			買い物 鶏肉・絹さや ↓
買い物 ↓ 切る ↓ 盛りつけ	作る ↓ 盛りつけ	作る ↓ 盛りつけ	作る ↓ 盛りつけ	作る ↓ 盛りつけ	作る ↓ 盛りつけ	作る ↓ 盛りつけ	作る ↓ 盛りつけ	作る ↓ 盛りつけ	作る ↓ 盛りつけ
	足りなくなったらその都度盛りつける								
ラップで包んで冷蔵保存	保存容器に入れて冷蔵保存	保存容器に入れて冷蔵保存	保存容器に入れて冷蔵保存	保存容器に入れて冷蔵保存	保存容器に入れて冷蔵保存	保存容器に入れて冷蔵＆冷凍保存	保存容器に入れて冷蔵保存	保存容器に入れて冷蔵保存	保存容器に入れて冷蔵保存
切ったら冷蔵約3〜4日 切る前冷蔵約1週間	冷蔵約3〜4日	冷蔵約3〜4日	冷蔵約3〜4日	冷蔵約3〜4日	冷蔵約3〜4日	冷蔵約3〜4日 漬け汁につけたまま 冷凍約1カ月	冷蔵約3〜4日	冷蔵約1週間	冷蔵約3〜4日

> 料理編

おせちの買い物＆仕込みのポイント

おせち料理の仕込みはふだんのごはんと違って長丁場。
だからこそ段取りを考えて調理することが大切になってきます。計画的に、余裕をもってとりかかりましょう。

覚えておくと安心

おせちの買い物リスト

保存のきくものは早めに、生鮮食品は間際に買います。特に年末が近づくにつれおせち料理の材料は割高になるので早め早めの準備を。

事前に買っておくもの	29日までに買うもの	間際に買うもの
☐ 真空パックののし餅	☐ さつまいも	☐ しいたけ
☐ 切り餅	☐ 大根	☐ 柚子
☐ 乾物類 （黒豆・昆布・かんぴょう・麩など）	☐ 里いも	☐ 絹さや
☐ ごまめ	☐ にんじん	☐ はんぺん
☐ 缶・瓶詰 （栗の甘露煮・ぎんなん水煮など）	☐ ごぼう	☐ かまぼこ
☐ 塩蔵数の子	☐ たけのこ水煮	☐ 卵
☐ 身欠きにしん		☐ 有頭海老
☐ 冷凍食品		☐ 魚の切り身 （白身魚・鮭・ぶりなど）
☐ 乾麺		☐ 肉類 （牛肉、豚肉、鶏肉、ひき肉）
☐ 酒・ビール		☐ おせち以外の生鮮食品 （刺身など）
☐ 調味料		
☐ くちなしの実		
☐ こんにゃく		

memo
賞味期限をきちんとチェックしてから購入
切り餅や乾物、調味料、ビールなどの長期保存のきくものは12月20日までに購入。塩蔵数の子は冷蔵室へ。身欠きにしんと冷凍食品は冷凍室へ。それ以外は冷暗所に保存。

memo
保存がきく根菜類は29日を目安に揃えます
根菜類は新聞紙に包んで、冷暗所に保存すれば1週間以上もちます。ですが、鮮度がいいほうがおいしいので、あまり早く買わないほうがベター。水煮は長期保存できる真空パックを。

memo
生鮮食品はお正月直前まで待って買います
鮮度がいいほうがおいしい肉や魚などは、29〜31日に買いましょう。大晦日やお正月の来客用の天ぷらや鍋など、おせち以外のごちそうの材料もこの時期まで待って揃えます。

\\ おせちやごちそうが華やぐ！ //

飾りものいろいろ

おせちを盛りつけるときは、飾りものを添えて。料理に華やかさと彩りを与えてくれるだけでなく、由来があるものも多く、縁起をかつぐ意味合いで使われていることも。

防風（ぼうふう）
お屠蘇に欠かせない高級野菜。雑煮のあしらいや刺し身のつまとしても使われます。

裏白（うらじろ）
白いほうを表にして使用。古い葉の上に新しい葉が重なることから繁栄を表します。

木の芽
一般的には山椒の若芽を指します。懐石の彩りや、汁物の吸い口として用いられます。

松葉（まつば）
葉を落とさず、樹齢が長いことから長寿の象徴に。そのまま添えるだけでなくぎんなんを刺しても。

南天（なんてん）
名前が「難を転じる」に通じることから縁起物に。祝いの赤飯にもよく添えられます。

菊の葉
加熱しても鮮やかな緑が変わらないことから、焼き物料理の敷物などに利用されます。

はらん
料理同士のにおい移りを防ぐため、仕切りとして利用されます。敷物や飾り切りにも最適。

青じそ
ふだんの食事にもおなじみの存在ですが、つまや飾りとして、おせちにも欠かせません。

たちかずら
ほどよいボリュームがあり、すき間を埋めるのにぴったりな花材。鮮やかな緑色が特徴。

料理編

おせち料理に必要な道具＆調味料

おせち料理づくりを陰で支える存在がこちら。なかにはふだん見慣れないものも。
食材よりも道具や調味料のほうが比較的手に入れにくいので、早めに準備しておきましょう。

道具

普段からなじみのある道具から、おせち作りならではのものまで、必要なツールをチェック。

フライパン
田作り（ごまめ）を炒ったり、焼き物を焼いたりするときに。フッ素樹脂加工のタイプはくっつきが少なく便利。

ボウル
なますをあえるときや数の子の塩抜きをするのに活躍。乾物を戻すときにも。大・中・小を揃えて。

鍋（26cm）
煮しめに煮豆にと、おせち作りに欠かせないのが鍋。また和食の基本であるだしをとるのにも必需品。

バット
下味つけや下ごしらえのときに使用。また、耐熱のバットがあれば、伊達巻きや松風焼きの型にもなります。

こし器
栗きんとんを作るとき、さつまいもを裏ごしするのに使います。なかったらザルでも代用できます。

すり鉢
伊達巻き作りに使用。白身魚のすり身と溶き卵を根気よくすり合わせるときに。ごまをするときにも使用します。

巻きすだれ
四角い生地を巻きすだれで巻いて伊達巻きに。三角形の竹が並んだ鬼すだれを使うのが本式。なければ普通のすだれでも。

フードプロセッサー
本来は裏ごし器やすり鉢で手間をかけて作る栗きんとんや伊達巻きも、フードプロセッサーがあればあっという間。

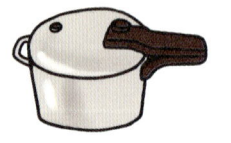

あったら便利！

圧力鍋
5〜6時間かかる黒豆が、圧力鍋を使うと加圧8分ほどでOK。何かと忙しい年末、時短に役立ちます。

6

木べら
煮物、炒め物に。シリコン製よりも木製のほうが、栗きんとんのさつまいもをこすときにも重宝します。

鉄玉
鉄のかたまりで鉄玉子とも呼ばれます。黒豆の色素を定着させ、つややかな美しい色に仕上げてくれます。

すりこぎ
伊達巻きを作るときにすり鉢とともに必要なのがすりこぎ。洋風おせちのパテやムース作りにも活用できます。

その他
おせち料理を美しくおいしく調理するために、日本古来の知恵が生きた材料を使います。

調味料
繊細な味わいや仕上がりのおせち作りに必要な、日本伝統の調味料を用意しましょう。

重曹
黒豆をふっくらさせる効果が。必ず食用のものを用意して。

しょうゆ
野菜の煮物など、色を美しく調理したいときは薄口しょうゆを使います。

酒
食材の臭みを消し、味をしみ込みやすくさせ、やわらかく仕上げます。

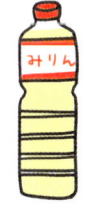

みりん
上品でまろやかな甘みのある調味料。田作りや照り焼きのツヤ出しにも。

くらなしの実
栗きんとんを鮮やかな黄金色に。年末にはスーパーにも出回ります。

砂糖
煮物や田作り、栗きんとんなど幅広い料理に。照りを出し、ふっくらに。

塩
昔は保存食の意味合いで多めに使いましたが、今はなるべく控えめに。

memo
みりんにはいくつか種類があるので要注意
みりんには本みりんのほか、みりん風調味料や発酵調味料などがあります。みりん風調味料にはアルコールは含まれていません。発酵調味料には塩分が含まれるので味の調整を。

けしの実
松風焼きの表面にふります。なかったら白炒りごまでもOK。

マナー編
お歳暮のマナー

以前は正月事始めの12月13日から20日までに贈るものでしたが、現在では12月上旬から20日頃までに贈るのが一般的。暮れの忙しい時期、余裕があるときに前もって準備しておくといいでしょう。

歳の暮れの贈り物のこと。マナーをおさえて

お歳暮は「歳暮の礼」の略で、一年の終わりにその年にお世話になった方へ感謝の気持ちを込めて贈ります。盆のお中元と同様、正月に先祖の霊を迎えてお供えする品物を暮れのうちに本家などへ届けていた風習が起源とされています。本来は相手先に伺って挨拶とともに直接お渡しするものですが、現在は配送が一般的に。とはいえ、体裁やマナーはきちんと守りたいもの。贈られたほうは早めにお礼状を出すのがマナーです。

おさえておきたい！ Q&A

Q. お歳暮って誰に贈るもの？

A. かつては親や先生など目上へ贈るものでしたが、現在では夫婦双方の親や兄弟、親戚、仲人のほか、職場の上司や取引先に贈るのが一般的となっています。なお、お中元と同様にお歳暮も1回きりではマナー違反。毎年の習慣として贈るようにしましょう。

Q. お歳暮の体裁って？

A. のし紙をつけ、5本もしくは7本の赤金の水引を花むすびや蝶結びにしてかけます。水引は包装紙に印刷された略式のタイプも。上書きは水引の上中央に「御歳暮」とし、下中央に贈る側の名前を書きます。宅配便などで送る場合はあいさつ状をつけるとよりていねいです。

Q. 年内に間に合わなかったら？

A. 「お年賀」として、1月2日〜松の内（通常は7日まで）の年始のごあいさつの際に贈ります。お年賀にも間に合わなかったり、先方が喪中だったりしたら「寒中見舞い」に。その場合は、松の内が過ぎてから立春（2月4日ごろ）までに届くように手配します。

Q. どんなものが喜ばれる？

A. 本来は塩鮭やするめ、数の子、干魚など、年越しに必要なお供え物を贈るものでした。ですが、昨今はそれにこだわることなく、相手に喜ばれるものを贈るとよいでしょう。ビールや食材、洗剤や食用油などのほか、商品券を贈ることもあるようです。

8

> マナー編

初詣のマナー

年があけてから寺や神社にお参りするのが初詣。一年の無事を祈ります。
神様にお祈りするのにさまざまな作法があるので、マナー違反にならないように事前にチェックしておきましょう。

終夜起きて神社にこもり、心身を清めて年神様を待つ行事

古くは大晦日の夜から朝にかけてみんなで家や氏神の社にこもり、年神を迎えるのが本来のしきたりでした。それが次第に大晦日にお参りに行く除夜詣や、元日の朝にお参りに行く元日詣が広まり、これが初詣の起源と言われています。また、江戸時代には、年神がその年にやってくる恵方にある寺や神社にお参りする恵方参りが流行。現在のような、元旦に寺や神社に参拝するのは意外と新しい風習で、明治以降に広まりました。

おさえておきたい！ Q&A

Q. 初詣はいつまでに行けばいい？

A. 必ずしも元旦に行く必要はありません。松の内（ふつうは7日まで）までに行くのが一般的なようです。遅くとも節分まではすませておきたいもの。なお時間帯は午前中などとも言われますが、こちらも特に決まりはありません。

Q. 初詣に行ったら何をする？

A. 神社での参拝には作法があります。まず鳥居をくぐる前に一礼。手水舎で柄杓を使って、左手、右手を洗ったあと、口をゆすいで浄めます。神殿の前では賽銭を投げ入れてから鈴を鳴らし、二度お辞儀、二度手を打ち、一度お辞儀（二拝二拍手一拝）するのがルール。

Q. お賽銭はどのぐらい入れるべき？

A. 賽銭には自分の穢れを紙幣に託し、はらい清めるという意味がこめられているという説も。賽銭の額に決まりはありません。額が大きければご利益大というわけではなく、あくまでも神へのお供えもの。自分の気持ちにあった額にします。

Q. 鈴はどのぐらい鳴らすもの？

A. 鈴は清い心を年神に伝えるために鳴らすと言われています。鳴らす回数は3回とも言われますが、これも地方などによって異なり、細かな決まりはありません。ただし、むやみに鳴らしたり、乱暴にならしたりするのはマナー違反になるので気をつけましょう。

マナー編
年賀状・お年玉のマナー

お年玉も年賀状も新年の楽しみを彩る要素。年賀状が元旦に届くためには12月20日くらいまでには投函しておきたいもの。お年玉のぽち袋なども余裕を持って用意しておきましょう。

年始のあいさつの代わりに一年の幸せを願って送るもの

年賀状は、お年玉つき年賀はがきが戦後に登場したことで普及。本来、新年のごあいさつは年始回りで行うものでしたが、その代わりにはがきに託したのです。メールですませることも多くなりましたが、目上の方や取引先などにはマナー違反にあたる場合も。きちんとした年賀状を送るようにします。一方子供の新年のお楽しみといえばお年玉。現在はお金をあげるのが一般的ですが、古くは年神に備えた餅を子供に与え、新年のお祝いの贈りものとしました。

おさえておきたい！ Q&A

Q. 年賀状の書き方って？

目上の方への場合
A. 賀詞は「謹賀新年」など、"謹んで""恭しく"といった意味が含まれているものを使います。印刷の場合、手書きの一言を添えます。

お得意様への場合
A. 大量に印刷したものですませてしまいがちですが、それでは味けないもの。目上の方へと同様、手書きの一言を添えるようにしましょう。

親しい方への場合
A. 新年のあいさつを込めて送るもの。ほかの年賀状に埋もれないように、個性を生かしたものや楽しいデザインの年賀状にするとベター。

喪中のあいさつ状
身内が亡くなった年は年賀状欠礼のあいさつ状を。先方が年賀状を書き始める前に届くよう、遅くとも12月初旬までには出しましょう。誰が亡くなったのかをはっきりと書き、喪中につき年賀状を控えることを伝え、日付はその年の12月または師走とします。

Q. お年玉っていくらぐらい？

小学校入学前の子供は？
A. お金の価値があまりわからない年代なので1000円以下というのが一般的。または、おもちゃやお菓子などのほうが喜ばれることも。

小学校低学年・高学年の子供は？
A. 低学年は1000〜3000円、高学年は3000〜5000円というのが多いようです。「学年×000円」というような明確なルールがあると◎。

中学・高校の子供は？
A. 中学生・高校生は5000〜1万円未満くらいが相場。また、高校生になると「あげない」という選択肢も家庭によってはあるようです。

喪中のときはどうする？
地域や家庭によって「あげてもよい」「あげるのはマナー違反」というのは分かれます。本来は氏神に備えた餅を配ったものなので、正月飾りを控える喪中にはお年玉はあげないという場合が多いよう。ただし、子供は楽しみにしているので「おもちゃ代」など、別の形にしても。

> マナー編

お正月の帰省のマナー

お正月は夫の実家、または妻の実家に家族そろって帰省する人も多いのでは。
新しい年の始まり、お互いが気持ちよく過ごすために、マナーに気をつけ、負担にならないように配慮したいものです。

早めに都合を確認。手土産もかならず準備して

帰省の日程が決まり次第、早めに連絡をとりましょう。できたら確実に都合が確認できる電話で伝えるとベターです。電車や飛行機のチケットをとる場合は、到着する時間も追って連絡を。自分の実家だとつい甘えてしまいがちですが、もう独立した身、お互い勝手が違っていることも。親しき仲にも礼儀ありと心得えておきましょう。会う予定のある親戚も含め、手土産はかならず1〜2個余分に準備しておくと慌てなくてすみます。

おさえておきたい！ Q&A

Q. 長期間の帰省の食費って？

A. 家族みんなで長期間滞在すると、食費だけでもかかってしまうもの。ましてや、お正月のごちそうを用意するならけっこうな額に。1日2000円くらいを目安に封筒に入れ、滞在費として渡すことも検討して。あるいは外食や出前を提案し、支払いを受け持つというのでも。

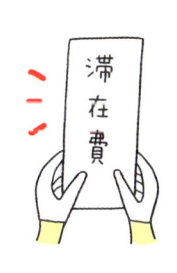

Q. 実家に泊まる際に気をつけることは？

A. その家なりの暮らし方があります。寝起きをする時間や食事の時間など、それぞれ実家のペースを再優先させましょう。また、テレビなどに関しても、実家がふだん楽しみにしているものもあるでしょう。特に子供が「あれが見たい」と言っても我慢させることも必要です。

Q. 兄弟姉妹との接し方は？

A. もし兄弟姉妹が親元で同居している場合、こちらの帰省が迷惑だったりおもしろくなかったりすることも。たまの帰省だからと羽目をはずすことはないように気をつけましょう。また、その兄弟姉妹に家族があれば、実家とは別に手土産を用意するのを忘れないように。

Q. 戻ってきたら、お礼はする？

A. 実家は「無事に帰れたかな」「そろそろ家に着いたかな」と心配しているもの。戻ったら何よりもまず自宅に着いた旨、連絡を入れましょう。また、帰省中に写真を撮ったらなるべく早めにプリントアウトして、お礼状とともに送るととても喜ばれます。

> マナー編

年始のあいさつ・訪問時のマナー

年始回りでは親戚や恩師など、お世話になっている目上の方を訪問し、新年のあいさつをして回ります。お宅に伺ったときはもちろん、伺う前の準備も相手に負担をかけないためにとても重要です。

年始回りは2日から。長居をしないように注意

古くは、元旦には家にこもって年神を待ち、外出はしないとされていました。そのため、新年のあいさつは2日以降、松の内（ふつうは7日まで）に行うのが一般的。そのときに持参する品物を年賀と呼びます。訪問する時間帯は相手の都合に合わせるのはもちろん、食事時にかからないように注意しましょう。また、事前に「30分ほどおじゃまします」などと伝えると、相手も時間が予想しやすく、負担をかけずにすみます。

おさえておきたい！ Q&A

Q. アポイントメントはどうする？

A. 玄関先でほんのちょっとあいさつするだけだからといってアポなし訪問は絶対にNG。あらたまった訪問では書状で訪問したい旨を伝え、それが届くころに電話をするとていねい。通常は電話での約束でもOKですが、メールでのアポイントは親しい間柄のみにしましょう。

Q. 車の訪問時に気をつけることは？

A. 駐車場所がない場合も多いので、事前に先方に確認を。路上駐車は先方にも迷惑がかかるので厳禁です。また、目上の方を訪問する場合、玄関先まで車で乗りつけるのは失礼に当たること。タクシーで伺う場合も、お宅から少し離れたところで車を降りるようにします。

Q. どんな服装が適しているの？

A. 着慣れない和服を無理して着る必要はありません。ただ、TPOを考えた装いを心がけることが大切です。肌の露出を避け、特に目上の方を訪問する場合はジャケットやワンピースなど上品な服装で。和室で正座することも多いのでミニスカートなどは避けます。

Q. 予約なしで訪問するときは？

A. どんなに親しい間柄でも、いきなり"ピンポーン"というのはやめましょう。お正月はそれぞれ都合があるので大迷惑です。近所に来てしまっていても事前に電話を。大丈夫であっても「では15分後に」など時間をおいてから伺う旨を伝えましょう。

12

マナー編

喜ばれる帰省みやげのマナー

新年のごあいさつとして、また、お世話になることへの感謝の気持ちを込めて、帰省時にはかならず手土産を。せっかく用意するのだから、相手に喜んでもらえるコツとマナーを押さえておきましょう。

手土産は袋から出してから渡すのがマナー

帰省したとき、腰を落ち着ける前にまず手土産を渡します。かならず紙袋から出してから渡すのがマナー。親戚用などで数が多い場合には事前に宅配便などで送ってもよいでしょう。ただし、かならず事前に「○○日あたりに荷物を送りたいのですがいいでしょうか」と都合を確認します。みんなで食べられるようなお菓子などの消えものが選ばれることが多いようですが、すぐには手をつけられないことを考えて日持ちするようなものを。

おさえておきたい！ Q&A

Q. 誰に買って行けばいい？

A. 双方の両親以外に、同居している兄弟姉妹の家族やおじ、おばなどがいたらそちらにも用意。食事や洗濯などの家事で負担をかけることもあります。親戚への手土産は、実母や姑に必要な個数を確認しておくと確実です。それでも抜けがあるもの。多少余裕を持って揃えて。

Q. どのぐらいの価格がいいの？

A. 双方の両親だったら4000～5000円くらいの価格帯が多いでしょう。また、親戚にはそれよりも少なくて2000～3000円のものが選ばれるようです。あまりに貧弱だと失礼にあたりますが、高額すぎるのも相手に負担をかけるので、ほどよいバランスの金額のものを。

両親 4000～5000円
親戚 2000～3000円

Q. どんな内容のものがいい？

A. 相手の好みを優先して、たとえば甘いものが好きなら自宅近くの有名店のお菓子などを。先方の近くでは手に入らないものも喜ばれます。「地元で人気なので、ぜひ召し上がっていただきたくて」などと添えると、相手のことを考えて選んだことが伝わることでしょう。

Q. のしはつけるべき？

A. 「御年賀」というのしをつけ、お歳暮と同様、5本もしくは7本の赤金の水引を花むすびや蝶結びにしてかけます。ただ、帰省時での手土産の場合は、堅苦しくなるのを避けるため、のしなしというのも最近では多いようです。いずれにせよ喪中のときはのしなしで。

\ こんなとき、どうする? /

お正月の習わしQ&A

すべてが新しくなるお正月。新年の幸せを願いながら、おめでとうと喜び合う行事。
さまざまなしきたりがあるだけに「これってどうすれば」と思うこともたくさん。そんな疑問を集めてみました。

Q 七草粥を食べ忘れたら?

A 1月7日に"春の七草"と呼ばれる7種類の若菜を入れた粥を食べると、その一年病気をしないといわれます。朝食べるのが本来の作法。お正月の暴飲暴食で疲れた胃を癒やしてくれる効果もあるので、忘れてしまったら7日の朝にこだわらずに食べてもいいでしょう。

Q 鏡開きっていつするもの?

A 1月11日が一般的。もともとは1月20日に行うものでしたが、徳川家光の命日と重なったことから、この日になったという説があります。ただ、地方によってばらつきがあり、3日、4日、20日のところも。ちなみに神様は刃物を嫌うため、手や木槌などで割るのが正式です。

Q お飾りを飾るタイミングは?

A 正月飾りには、門松、鏡餅、しめ飾りなどがあります。それらは12月20日から28日までの間に飾るようにしましょう。28日を過ぎてしまったら30日に。29日は「9」が「苦」に通じるとされるので避けます。また31日は「一夜飾り」といってタブーとなります。

Q お飾りはいつまで飾るもの?

A 門松やしめ飾りを飾るのは、松の内までとされています。通常は6日の夜、または7日の朝に取りはずすようにしましょう。ただし、地域によって違いが。松の内ももともとは15日までといわれていたこともあり、14日の夕方に取りはずす地方もあります。

14

Q 初詣はどこに行く？

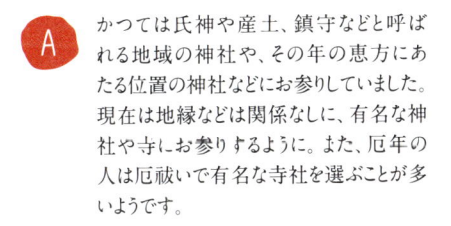

A かつては氏神や産土、鎮守などと呼ばれる地域の神社や、その年の恵方にあたる位置の神社などにお参りしていました。現在は地縁などは関係なしに、有名な神社や寺にお参りするように。また、厄年の人は厄祓いで有名な寺社を選ぶことが多いようです。

Q お飾りはどのように処分する？

A 正月に飾った門松やしめ飾りは、1月15日の小正月に行われる左義長（どんど焼き）と呼ばれる火祭りでお焚き上げするのがしきたりです。ですが、都会ではなかなかお焚き上げが難しくなる昨今、お清めの塩をふり、分別してごみに出してもいいでしょう。

Q 雑煮の餅は四角い？丸い？

A どちらが正解ということではなく、地方によって違います。おおよそ、東日本は焼いた角餅をすまし汁、西日本は煮た丸餅をみそ仕立てにすることが多いようです。なかには、煮た角餅や焼いた丸餅に地域も。一風変わったところでは、香川県のあん入り餅を使った雑煮などがあります。

Q 喪中の人への年賀状は？

A 喪中の知らせをもらった側が相手に年賀状を送るのは決してマナー違反ではないものの、控えるのが一般的となっているようです。松の内（ふつうは7日まで）が過ぎてから、寒中お見舞いを出すとていねいです。喪中はがきを送っていない相手から年賀状が届いた時も寒中見舞いを。

お正月の縁起物いろいろ

かつての日本では、お正月は年神を迎えてその年の豊作と健康を祈るという、
一年でももっとも重要な行事の一つでした。
それだけに、幸運を招くための縁起をかつぐものがたくさんあります。

門松 年神が訪れるときの目印として、門に木を飾ったのが始まりとされます。松は一年中葉を落とさないことから尊重されてきました。その松にまっすぐ節を伸ばす竹を添え、玄関前や門の両脇に左右一対で立てます。

年神 年神とはその年の豊作や健康をもたらす神様のことで、「正月様」「歳徳神（としとくしん）」とも呼ばれます。春に田へ降りてきて、秋の収穫が終わると山に帰り、そしてお正月に訪れ、左義長の煙にのって帰ると言われています。

注連飾り（しめ飾り） 注連縄に裏白、橙、ゆずり葉を飾ったもの。注連縄は神聖な場所と外界を分ける役割があります。正月に注連飾りを家の出入り口に飾ることで、年神を迎える神聖な場所であることを示します。

鏡餅 日本では古くから餅は神に捧げる神聖な食べ物とされてきました。鏡餅という名前は、神器である銅鏡のように丸く平たい形をしていることから。一般的に大小の丸餅を重ね、裏白や橙、ゆずり葉などを添えますが、地方によって違います。

年越しそば 江戸時代、月末が忙しい商家で夜遅くにそばを食べる「晦日そば」という習慣が由来。そばが細長いことから「寿命が細く長くなるように」という願いが込められていたとされます。「つごもりそば」とも呼ばれます。

おせち 古くは、季節の節目とされる節日（せちび）に、神に供える食べ物すべてのこと。やがて、最も重要な節日に当たる正月に食べる豪華な料理のみを指すように。お正月の年神を迎える間は煮炊き（炊事）を休み、おせち料理をみんなでいただきます。

雑煮 年神に供えた餅を神棚から下ろし、野菜などと煮込んで作ったもの。お迎えした年神とともに家族で食べ、旧年のことを年神に感謝し、新年の豊作や家族の健康を祈っていただきます。

四方紅（しほうべに） 四方を紅で縁取った、鏡餅をのせる色紙のこと。この紅色には災いを祓い、一年の繁栄と家内安全の願いが込められています。

羽子板 もともとは災厄を祓うために節分の豆打ちに使われたもの。それがやがて羽根を打つ子供の遊びに。羽根の黒い玉は「無患子（むくろじ）」という木の実で、この羽根を打つと子どもが病気にならないといわれています。

祝い箸 正月三が日の祝い膳に使う箸のこと。神が宿ると言われる柳で作られ、両端が細く、真ん中がふくらんでいる柳箸を用います。箸袋には家族それぞれの名前を書き、家長が大晦日に神棚に供えてから使うのが習わし。

お屠蘇（とそ） 一年の邪気を払い、不老長寿を願って、元日の朝に年少から順に家族みんなで飲むお酒。山椒、防風、肉桂などの薬草を合わせ、清酒やみりんに浸したものです。薬局や酒店で売られている「屠蘇散」で作ることができます。

獅子舞 獅子頭をかぶって舞いながら、豊作祈願や厄除けを祈願するもの。かつて中国から伝わり、当時は舞楽だったものがやがて祝い事や祭りなどでの縁起物に。やがて正月に、家々をまわって厄祓いするようになりました。

御神酒（おみき） 年神に供えた酒のこと。おせち料理と同様に、神に供えたものを飲んだり食べたりすると神の力にあやかれると言われていました。現在ではお正月に限らず、神に供えた酒を指します。

破魔矢（はまや） 厄を祓い、運を射止める象徴として縁起がいいといわれ、正月飾りの一つとされている地域も。また、男の子の初正月に破魔弓と組み合わせて贈る風習もあります。

初夢 新年初めて見る夢でその年の運勢を占います。古くは大晦日から元日の朝にかけての夢だったが、江戸時代くらいから元日の夜から2日の朝にかけての夢をさすように。「一富士、二鷹、三茄子」の順に縁起がいい夢とされます。

書き初め 年の始まりに一年の抱負や目標を書く行事で、通常1月2日に行われます。江戸時代にはその年の恵方に向かって、めでたい詩歌を書くならわしだったもの。書き初めで書いたものは左義長（どんど焼き）で燃やします。

七福神 恵比寿天、大黒天、弁財天、毘沙門天、布袋尊、福禄寿、寿老人という7人の神のこと。新年に七福神を祀られた神社をめぐることを七福神詣といいます。また、七福神が乗った宝船の絵を枕下に敷くとよい初夢が見られると言われます。

松の内 年神が訪れている期間。その間は正月飾り（松飾り）を飾っておきます。かつては1月15日とされていましたが、地域によって差があり、現在ではだいたい7日までとされています。

column 簡単おやつ

飲む点滴と言われる甘酒を使ったデザート。

いちごの酸味と甘酒の自然な甘みがおいしい。
甘酒いちごゼリー
⏱ 半日

材料（作りやすい分量）
- 水 …………………… 大さじ2
- 粉ゼラチン …………… 5g
- いちご ………………… 150g
- 甘酒 …………………… 150g

作り方
1. 分量の水にゼラチンをふり入れてふやかす。
2. いちごはヘタを取ってフォークなどで潰す。
3. 鍋に甘酒を温め、火を止めてから1を加えて溶かす。
4. 2を加え、ボウルの底に氷水をあて、ときどき混ぜながら冷やす。とろみがついてきたら型や器に移し、冷蔵庫で半日ほど冷やし固める。

冷凍庫に入れてから、30分ごとにかき混ぜて。

簡単に作れる手作りアイス！
抹茶アイス
⏱ 20分（冷凍庫で冷やす時間を除く）

材料（作りやすい分量）
- A ┬ 牛乳 …………………… 300mℓ
  └ 生クリーム …………… 100mℓ
- 抹茶 …………………… 大さじ1
- 卵黄 …………………… 3個分
- 砂糖 …………………… 大さじ6

作り方
1. 鍋にAを入れて火にかけ、人肌程度に温める。大さじ1をボウルに取り、抹茶と合わせて溶く。ダマにならないように混ぜ合わせながら少しずつAを足す。1/3量ほど入ったところで、卵黄、砂糖を加えてよく混ぜ、残りのAを加えて混ぜ合わせる。
2. ボウルの底に氷水をあて、ときどき混ぜながらよく冷やしてから、金属性のバットに移して冷凍庫に入れ、30分おき程度に全体を混ぜながら冷やし固める（4～5回繰り返す）。

濃厚ヨーグルトとジャムのハーモニー。
水きりヨーグルト
⏱ 1時間

クッキーやビスケットにのせて。

材料（作りやすい分量）
- プレーンヨーグルト ……… 200g
- クッキー ………………… 6枚
- お好みのジャム ………… 大さじ2

作り方
1. ザルにペーパータオルを敷いてボウルにセットし、ヨーグルトをのせ、1時間ほどおいて水きりする。
2. クッキーに1、ジャムをのせる。

143

Profile

牛尾理恵（うしおりえ）

栄養士。料理研究家に師事した後、料理専門制作会社を経て独立。ふだんの食生活で実践できる、作りやすく、味わい深いレシピに定評がある。『圧力鍋でつくるおかずの感動レシピ』『基本とコツがきちんとわかる おせち料理とほめられレシピ』（成美堂出版）、『野菜がおいしいタジン鍋』（池田書店）など著書多数。

Staff

撮影　松島均

デザイン　羽田野朋子

スタイリング　池水陽子

編集・構成・文　丸山みき（SORA企画）

編集協力（付録）　松崎祐子

編集アシスタント　根津礼美（SORA企画）

イラスト　伊藤美樹

校閲　関根志野

企画・編集　朝日新聞出版 生活・文化編集部（森香織）

喜ばれるおせち料理とごちそうレシピ

監　修　牛尾理恵

発行者　片桐圭子

発行所　朝日新聞出版
　　　　〒104-8011　東京都中央区築地5-3-2
　　　　（お問い合わせ）infojitsuyo@asahi.com

印刷所　図書印刷株式会社

©2014 Asahi Shimbun Publications Inc.
Published in Japan by Asahi Shimbun Publications Inc.

ISBN　978-4-02-333012-2

定価はカバーに表示してあります。
落丁・乱丁の場合は弊社業務部（電話03-5540-7800）へご連絡ください。
送料弊社負担にてお取り替えいたします。

本書および本書の付属物を無断で複写、複製（コピー）、引用することは著作権法上での例外を除き禁じられています。また代行業者等の第三者に依頼してスキャンやデジタル化することは、たとえ個人や家庭内の利用であっても一切認められておりません。